戰爭的框架

朱迪斯・巴特勒 Judith Butler —— 著　申昀晏 —— 譯

Judith Butler

Frames of War:
When Is Life Grievable?

目錄

新版導論

本書集結了一系列的文論，欲從不同的角度看待近似的議題。書中沒有單一的主張，只有許多思考嘗試，探究視覺與論述場域是如何被戰爭所吸納，進而引發戰爭。重點不僅在於描述，更在於批判與反對。畢竟，戰爭需要條件才能發動，而我們如果要反戰，就必須知道這些條件是什麼並重塑使戰爭得以可能的條件。同樣地，如果要反戰，我們就必須理解人民對戰爭的支持（popular assent to war）是如何培育出來並維持下去的。換句話說，我們必須理解戰爭的發動是如何影響感官（senses），進而使戰爭被理解為某種無可避免的好事（something good），或甚至是道德滿足感的泉源。

若要理解戰爭，就必須思索發動戰爭的方式以及戰爭所使用的技術；但要理解技術的運作，我們就必須思考技術究竟是如何對感官領域產生影響。在技術的掌握以及戰爭的視覺和論述面向的流通（circulation）之中，究竟形成了什麼、又框構（framed）了什麼？這種掌握與流通早已是一種詮釋的操作（maneuver），解釋誰的生命才是生命，而誰的生命被轉化為工具、目標或數字，或甚至被抹除殆盡，僅存一絲痕跡（或什麼都不剩）。即便本書無法窮盡戰爭發生的原因，但仍能提供一些建議來幫助我們理解上述「解釋」。這任務要求我們重思物質主義既有的詞彙，藉此理解，像是照相機如何成為戰爭的工具，並在框構且形塑人類與非人目標的同時，還造成許多附帶性破壞（collateral damage）的情形（戰爭必然造成此影響，但這問題卻總處在邊緣位置）；除此之外，重思這類詞彙還能讓我們發展出聚焦於被剝奪者（the dispossessed）與危脆者（the precarious）[1]的反戰政治，而這種反戰政治需要新的詞彙與新的實踐。

當我們思考戰爭是如何發動、戰爭是採取哪些形式的時候，我們通常會先想到戰爭所使用的物質工具，彷彿我們早已知道「物質工具」在此脈絡下究竟是什麼意思。即便我們同意相機是戰爭的物質工具之一，我們仍難以認為相機本身便是戰爭的發動者，或相機屬於戰爭發動的一部分。確實，常識告訴我們，發動戰爭的是人，而非人所使用的工具。但如果這些工具獲得其能動性（agency），並使人成為工具的延伸，那該作何解釋？被瞄準的人口能被視作戰爭的工具，近期以色列軍方試圖正當化加薩平民的死亡時便是持此論述。同樣地，當士兵被視作與武器一體時，他也會被當作是他身上的工具之延伸，而相機某些時候也超出了相機功能的使用。若僅被當作侵略性軍事權力的工具、文明的威脅或潛在且無法控管的人口問題，人口便會被戰爭的戰術所框構，而活生生的人則會變成工具、障礙物、目標與盾牌。同樣地，相機的使用者通常也在戰事的觀點之中占有一席，因而成為士兵兼報導者（soldier-reporter）的角色，在視覺層面神聖化戰爭的毀滅行徑。因此，我們必須探問戰爭的物質性、什麼算是物質以及相機與影像是否是物質性的延伸。

雖然我們替影像保留了一點物質性的意涵，我們通常仍將物質性歸屬於槍支彈藥，以及戰爭的直接性毀滅工具，而不認為若沒有影像這些東西便無從運作。[2]某個層面上來說，聚焦於目標便替士兵、記者和大眾在戰爭中生產出其位置，進而組織視覺領域並使每個位置成為可能。框架不僅安排了這類位置，還替視覺領域劃下了界線。從戰爭攝影的脈絡來看，影像能反應或記錄戰爭，同時也可能激起支持戰爭或反戰的情感回應。有的時候，影像成為戰爭本身的政治矛盾密集

1 譯注：書中Precarity、Precarious、Precariousness譯為「危脆」或「危脆性」，Precariousness跟Precarity同時出現時，前者翻成「脆弱」後者翻成「危急」。這個詞依照上下文意，亦常翻作「不穩定」、「危殆」、「危急」、「脆弱」等，譯者在此書選擇譯為「危脆」，主要是希望能同時表達危險、危急與脆弱之意。

2 從視覺層面探討人與機器在瞄準軍事目標時的傑出作品，請參考哈倫・法洛基（Harun Farocki）的影片《眼機器》（"Eye Machine, I, II, III", 2001-2013）以及《遠距離戰爭》（"War at a Distance", 2003）。

交會的場域。因此，我們是否能說影像本身便屬於發動戰事的一環？相機是真的裝載於飛彈與炸彈設備之上，有時甚至取代了人類的能動性——阿富汗戰爭中無人機所造成的毀滅性傷害便屬此例。無人機這種相機與炸彈的結合無法精確瞄準目標，因此，無人機所造成的死傷總是遠大於原先的目標，進而造成許多平民傷亡。

要控制戰爭的視覺與論述面向，就必須奠定並配置「現實」本身的感官界線，劃分出公共論述中的可見與可聽之物。因此，我們可以合理地問道，規範可見或可聽之物的界線，是否成了發動戰爭的先決條件，且相機與其他通訊技術也協助發動了戰爭？當然，使用技術工具的是人，但工具的確也會使用人（賦與人位置、視角，並奠立其行動方針）；工具將進入視聽領域中的人置入框架並形構他們，而沒進入視聽領域的人亦遭受同樣待遇。更進一步來看，「人格」[3]本身在發動戰爭的條件下，便成了一種可有可無的工具性。公共領域是如何被戰爭的視覺技術所建構的？而針對戰爭的理想假說，又出現哪些反對主流（counterpublic）的論述？我們通常認為「人」以各種不同的方式回應戰爭，但這類極具渲染力的回應（communicable reactions）除了可能在戰爭場域中建構人格以外，也可能摧毀人格的構築（de-constitute）。我們是否能以別的方式來理解戰爭，並藉此轉變戰爭對感官所造成的影響？而經過轉變的感官，又在停戰的訴求中扮演什麼角色？我們遠距離觀看政府的戰爭行徑，而嵌入式新聞報導（embedded reporting）與允許在公共媒體報導出來的新聞則從視覺層面將我們引入戰爭，那麼，究竟有什麼條件能讓我們拒絕以這種方式參與戰爭？而若要達到這個目標，我們需要如何重構感官？

要著手談論這問題，就必須理解感官是如何成為支持戰爭的一部分。明確一點來說，當我們觀看或收聽這類戰事報導時，我們便被招聘到特定的認識論立場。除此之外，因為我們是被引入特定的現實框架，受限於框架內部與其詮釋，因此，某種特定的現實也因為我們被動地接收消息而構築出來。當國家對戰爭報導下達指令時（如果國家允許報導戰爭的話），似乎就是在規範我們對暴力的理解，或暴力在公共領域中應如何呈現出來。之所以如此，是因為公共領域已被網路與其他形式的數位媒體給大幅改變了。但如果我們要繼續追問這種暴力的規範本身是否便是暴力的（或暴力的一部分），那我們便需要以更謹慎的詞彙，區分出炸彈所帶來的毀滅與其現實的框構——即便我們知道兩者同時發生、缺一不可。阿圖塞（Louis Althusser）曾援引史賓諾莎（Spinoza）來主張，物質性能夠有不同的模態（modalities）；同理，暴力以及暴力的物質工具性也具備許多不同的模態。我們該如何將框架本身理解為戰爭的物質性之一部分，以及戰爭的暴力所產生的效力呢？

3　譯注：此處的「人格」英文是personhood，指的是有無成為人的資格，而非「人的性格」（personality）。

框架並不只是展示現實，它還積極涉入某種控制的策略，篩選出生產及實施現實的方式，並決定什麼東西會被算作現實。框架不停嘗試這樣做，而其付出亦得到豐沛的回饋。即便框架無法總是含括它選擇的可見物或可讀物，其結構仍受特定版本之現實的工具化所影響。這也就是說，框架總是剔除某些東西，將某些東西排除其外，將不同版本的現實給去現實化（de-realizing）並否認其合法性，僅將其視作官方現實的負面版本。因此，當框架拋棄特定版本的戰爭時，被拋棄的廢墟便重新得到活力，提供我們抵抗的潛能。當特定版本的現實被排除或拋棄至某個非現實場域時，便會出現許多鬼魂縈繞著官方批准的現實，留下許多生機蓬勃、否定官方效力的蹤跡。在此意義下，框架設立了某種哀悼禁令：沒有東西受毀，沒有生命逝去。即便框架使戰爭造成的毀滅程度大幅增長，框架仍僅是對憂鬱進行某種粉飾，並強行控制戰爭所造成的憤怒情感，儘管通常都無法成功控制。作為武器的一部分，框架開啟了一系列謀殺行徑；作為報導的一部分，框架替這一系列謀殺行徑劃下句點。框架努力使視覺領域從屬於戰爭，而其成敗則端看是否能成功收編群眾的支持。反戰的責任部分取決於我們如何抵抗這種每日不間斷的收編（conscription）。

也許另類影像的流通能發起抵抗，但我們必須謹記，影像有時僅是聳動地描述事件。我們週期性地以憤怒回應這類聳動影像，但憤怒並沒有轉化為持續的政治抵抗。若要抵抗戰爭技術強加於視覺領域界線上的聳動影像與時不時出現的憤怒，我們是否能採取別的方式來對感官發揮作用，或是從感官出發而採取行動？

當代的影像形式與其可複製性和可流通性，幾乎使得影像完全不受控制。但影像的不可控並不足以讓我們產生烏托邦式的興奮之情。數位文化中的影像遠非審查者能夠控制的東西，有時甚至打從一開始便違逆當初拍攝影像的意圖（intentions）。影像的流通賦與影像意圖新的意義，讓影像有機會獲得嶄新的生命。原先希望透過影像而控制並僵化的意義，最終通常也都被影像流通本身所產生的反效果給背叛。[4]這就是阿布格萊布監獄（Abu Ghraib）[5]的照片在網路上瘋傳所產生的效果之一。影像那不受控的流通以及不斷改變的影像接收脈絡，不斷在全球各地生產出公眾的反戰情感。

從另一個角度來看，這不受控的流通也可能使戰爭造成的效果變得瑣碎不堪，讓我們無法聚焦於戰爭所造成的損失，甚至有可能把戰爭的效果給自然化，將其視為日常生活所預設的背景。當戰爭的視覺效果成為日常生活的根柢（ground）時，便會發生這種意義的轉變（metalepsis）。毀滅我們的專注能力，亦是戰爭所附帶的損害。因此，逐日加劇的影像流通性無法被肯定為新視

4　請見W．J．T．米契爾（W. J. T. Mitchell），《複製恐怖：九一一至今的影像戰爭》（*Cloning Terror: The War of Images, 9/11 to the Present*, Chicago: University of Chicago Press, 2011）。

5　譯注：美軍於二〇〇三年占領伊拉克後曾在此傳出虐待戰俘的新聞。

覺技術確切帶來的烏托邦效應，因為日常生活變成戰爭的延續，顯然是我們當下所面臨的風險。

我們必須追問：戰爭的視覺敘事或可聽到的敘事受到抑制，但我們若從一開始便替公眾對戰爭的理解做好準備並組織這類理解，那麼，戰爭的延續或戰爭的加劇（正如我們現在在阿富汗所見證的），有沒有可能反倒幫助人民抵抗戰爭（popular resistance to war）開出一條裂隙？戰爭的電視報導將公民定位為暴力衝突的視覺消費者，而這衝突總發生於別處——至少在美國，所謂的「敵人」與我們之間有一定的地理距離，而這讓國內行動在沒經過嚴密檢視的情況下發動戰爭。有沒有可能，如美國有線電視新聞網（CNN）這類的全球媒體的確是採取美國的視角，彷彿戰場與我們之間有著無限的距離，甚至使生活於暴力之中的人也有此錯覺？一旦明白我們所見之物已被放入戰爭的框架，種種戰爭主張的可靠性便受到挑戰；這樣一來，我們便不再完全被新聞收編進戰爭之中。如果士兵不再被戰爭的視覺解釋與敘事詮釋所召喚，他們便開始不再對戰爭抱有信念，也許會裝病、擅離職守、要求轉換部門、停止工作，或單純轉身離開。起初，大多數士兵參戰的誘因並不強，其中許多人被招聘是因為軍方承諾讓他們脫離貧窮並習得一技之長。這樣一來，他們便成了經濟的工具，開始以新自由主義的方式計算他們成功的機率，而非探究戰爭究竟是否公正或是否具備正當性。若正當化戰爭的論述從屬於策略目標，那情況便會變得更複雜。在此情境中，我們無法從公共的角度來區辨規範的正當化與理性的運用是否已成為工具。若要從規範的角度來衡量戰爭，我們首先必須理解戰爭，並透過感官讓我們開放且公開地質問戰爭所造成的傷亡是否具有正當性。

某個意義上來說，每場戰爭都是對感官發動的戰爭，但這並不意味著只有感官能拯救我們。沒有感官便無從思考、無從判斷。感官若沒有預設某個能穩定複製的社會形式的話，我們便無法思考戰爭和判斷戰爭。感官遭受不同形式的攻擊：某些個體的死亡被視為聳動的象徵，而其逝去被用來強化民族身分認同；與此同時，大多數人對某些人的逝去感到麻木，公開哀悼因而挑戰了戰爭的理論基礎。若沒有對感官發起攻勢，國家是不可能發動戰爭的。某種程度上來說，發動戰爭的首要步驟是攻擊感官；感官是戰爭的首要目標。同樣地，將某群人口或隱或顯地框構為戰爭的目標，亦是戰爭毀滅行徑的第一步。這不僅是替將臨的毀滅做足準備，毋寧是這些步驟本身開啟了一系列的毀滅過程。

可見與可聽的領域被規範來維繫公眾的共識，使其允許國家參戰的同時又不激發人民的反叛。若要理解這種規範是如何建立的，也許我們得拓展我們對戰爭的理解。

雖然戰爭影像原先是用來招聘我們一同發動戰爭，但這些影像也會以其他的方式對我們造成影響。處在危脆條件中的目標生命，理應是我們不該見到的東西，但我們卻能在框架的界線上認識到這些生命的危脆。認識到他者的危脆，認識那些暴露於暴力之中、在社會上被當成可有可無的短暫存在，也就是認識到所有生命的危脆：眾生同等危脆。既然我們也是生命，認識到其他人的危脆便蘊含著對我們自身的危脆之認識。當然，每個人的生命皆有其獨特性，不應混為一談。換句話說，彼此具備同等的危脆性並不意味可徹頭徹尾的取代彼此；然而，就形式上來說，所有生命都有可能遭受毀滅。與此同時，這種危脆卻遭受不均等分配，或至少在戰爭與應對饑荒和地震這類災害的差別待遇之中，正是這類不均等分配的策略扮演重要角色。當某群人口在日常論述中被框定為毀滅的目標時，框架便拉攏我們參與共謀，一同在視覺領域與論述領域中將戰爭正常化。

但這類框架也同樣使我們認識到眾生共享的危脆性，因而理解生命等價。我們能否辨別出框架是透過哪些管道來將毀滅給正常化的？能否在倫理與政治層面上理解到某些人的危脆性被框架所懸置或排除在外，理解到他們的痕跡無法被框架完全抹除，並與他們站在同一陣線？我們對戰爭的視覺認識，就是一個能讓我們同意或反對戰爭的契機；我們能藉此思索自己與戰爭之間的含糊關係，並探詢戰爭是如何、由誰所呈現出來，以及這視覺場域又是由什麼樣的缺席（absence）所形構並描繪。如果這視覺場域將目標群體，以某種將危脆人口化為概念的方式視之，我們是否能將框架理解為生產危脆、引發危脆的共犯？在什麼條件下，我們才有可能認識並分析框架的這類功能？我們在觀看影片或影像時，影片或圖像又發揮著什麼誘導作用？影片和影像是否牽著我們的鼻子走，讓我們一起瞄準目標？我們是否也接受了徵召，與子彈和飛彈處在同樣的彈道上？或者，是否有一種先於影像徵召的引導，引領我們去認識生命的危脆處境，並強加某則倫理義務於我們？這不正是引導我們拒絕將目標視為框架，暴露出框架的詭計，並堅守我們與被這般「描繪」的人口之間的倫理聯繫嗎？視覺場域是否也已成為引領我們承擔責任、抵抗不義之戰並肯定彼此交會的危脆處境之場域？正如我們所知，戰爭並非總是得以控制的計畫，某些人口之所以遭到殺害，只因為他們處在攻擊目標對象的彈道上。之所以如此，是因為戰爭機器那毀滅性的力量總是超出其目標，難免造成不必要的傷亡。戰爭的毀滅性無法限制於單一視覺化的目標。因此，「可控制的毀滅」這則幻想不攻自破，但框架仍作為國家控制的幻想而運作——雖然框架的界線已被點了出來。國家無法控制自己精準瞄準並毀滅哪群人口，這也是為何國際上戰爭的協定旨在保護戰爭中的平民。舉例來說，戈德史東報告（Goldstone Report）將平民傷亡視為戰爭罪。「合法戰爭」或「公正戰爭」等概念，奠基於毀滅性工具的可控制性。但戰爭的毀滅性是無法控制的，因此，所有戰爭都摧毀了平民的生命，犯下了違反人道罪（crime against humanity）。換句話說，禁止傷害平民的國際法預設某些戰爭有可能不犯下這些罪行，再生產出「乾淨的」戰爭這種概念，宛如戰爭有辦法完美地瞄準目標。只有達成這個條件，我們才有辦法區別出戰爭與戰爭罪。但如果平民的傷亡與「可允許的附帶損傷」之間不存在穩定的區別，那麼，這類罪行便無可避免，世上也因而不存在無罪的戰爭。換句話說，即便戰爭成為獲得允許的犯罪形式，戰爭本身卻從來就不是無罪的。

戰爭在瞄準目標人口[6]時，便試著管理並形塑出人口，將某些人的生命視為值得保護的生命，某些人的生命則可隨時廢棄。戰爭介入危脆性的生產與再生產，迫使特定人口持續處在死亡的邊緣，有時殺害這群人口，有時則否；無論如何，戰爭都將危脆性轉變為日常生活的規範。處在這類危脆處境中的生命不見得完全失去主體的能力，但已完全受到無間斷的暴力運作所擺布。

我的重點是，這類視覺框架與概念框架建構出特定人口並摧毀他們，將他們視作知識的對象與戰爭的目標；而這類框架則成為傳遞社會規範並使其發揮功效的手段。與此同時，框架也引領我們拒絕讓感官被規範為接受特定人口澈底的不可弔唁性（radical ungrievability），甚至拒絕戰爭所依賴的可弔唁性的差別分配[7]。不可弔唁的生命根本不會逝去、無法遭受毀滅，因為他們早已棲居於某個逝去且壞毀的領域；就存有論（ontologically）的層面來看，這些生命打從一開始便已逝去與毀滅，也就是說，即便他們在戰爭中飽受摧殘，也沒有任何生命逝去。主動毀滅這些生命感覺甚至像是多餘的，或單純認可某個先驗的真理。因此，這些框架不僅是區分出生死，也是在戰爭時代維持此區分的機制。戰爭時代正是重寫生死、不斷重複暴力區別的時代。

但如果某些計畫打從一開始便區隔出誰算是生命、誰不是生命，那我們該如何計算戰爭的死亡人數？如果隨著一切戰爭而來的是戰爭罪、被瞄準的人口以及這些人口的傷亡，那麼，當他們的逝去根本不算逝去時，這些人口又算什麼？戰爭傷亡人數以及平民死傷的報導，皆能成為發動戰爭的操作手段，以論述的方式構築戰爭，並徵召我們一同作戰。戰爭傷亡人數的流通不僅再現了戰爭，亦是戰爭機具（**apparatus**）的一部分。這些數字框構出戰爭的死傷，但這並不代表我們知道這些數字是怎麼來的。我們也許知道該如何計算，也能夠仰賴特定人道組織或人權團體來協助計算，但這與釐清哪些生命有沒有被「算」作生命是兩回事。雖然數字沒辦法告訴我們哪些生命算作生命、誰的死亡算作死亡，我們仍能注意數字是如何被框構的，並進一步探詢規範是如何在戰爭的脈絡中，區分出得以存續與值得弔唁的生命。

---

6 譯注：在先前（本章第三段），巴特勒已使用「人口」一詞來形容生命的劃分。巴特勒受傅柯（Michel Foucault）影響甚遠，認為人口（population）與個體（individual）、人民或眾人（people）不同，亦非個體的總和。因此，巴特勒在本書大量使用population一詞，筆者皆統一譯為人口。

7 譯注：書中Grief、Grievable、Grievability譯為「弔唁」、「可弔唁」和「可弔唁性」。一方面與哀悼（mourning）做出區隔；另一方面，因「弔唁」專用在生命逝去後的情境，就本書脈絡而言，似乎更貼近此意涵，故在斟酌各式可能（如悲慟）後，選擇使用「弔唁」。

發起攻擊時，例如以色列在二〇〇八年十二月與二〇〇九年一月以「鑄鉛行動」（Operation Cast Lead）為代號對加薩發起的戰爭，我們通常會從數字著手，計算傷亡人數，並由此來評估損失。我們也能談論並轉述奇聞軼事、傷亡數字等，藉此發展出對戰事的理解。然而，數字或軼聞雖是解釋的方式之一，但我不確定能否單憑這種形式的解釋來回答「誰的生命算生命」、「誰的生命不算生命」這類問題。即便我們有可能知道傷亡數字為何，這些數字也可能一點都不重要。換句話說，在某些處境中，許多生命的逝去並不算數。死於戰爭的人數可能會使某些人大感震驚，但對其他人來講，這些數字根本無關痛癢。那麼，在哪些條件下，這些數字才算數？而這又會影響到哪些人？為什麼？又，為何某些時候數字根本就不算數？

當然，這裡存在著某種悖論。舉例來說，我們常聽到「量化方法主宰了社會科學」，而在此領域中質性研究並不「算數」。然而，在別的生命領域之中，數字卻顯得極為無力。這則事實指出，概念運作過程裡某些隱蔽的模式相當有力地安排了現實，讓我們將特定的東西視為現實；拒認（disavowal）的種種形式一旦成為儀式，就連實證的數字都無法抵抗其安排的現實。確實，我們可以想像，如果某人知道多少女性與孩童死於加薩時，他們會感到多麼憤怒。「女性與孩童」這個範疇具有其顯著性，能帶出特定的情緒主張，因為兩者指涉的皆為無辜的人口。我們也許會想像，我們無需任何框架或原本（matrix）[8]的協助便能知道這類事實，而知道這類事實便會立即引發我們的憤怒。或者，我們也許會認為，眾人如此強烈地反對屠殺女性與孩童，以至於這些戰爭罪的嚴重性無法被忽視。然而，在加薩的案例中，我們能清楚看到這類原本（matrix）是如何使某些人的「可弔唁性」成為可能。一方面，我們當然可以主張：我們不知道是否所有的未成年人（未滿十八歲的人）都屬於「孩童」範疇。但我們暫且預設大多數文化脈絡中都將戰爭中女性與孩童的死亡視為不義且無法接受之事，且皆屬於戰爭造成的平民傷亡。我們也許可以持上述觀點，但仍必須質疑，女性與孩童是否真的應被構想為「女性與孩童」這個範疇、是否如我們所想的女性與孩童是一樣的，或者，事實上必須以全然不同於其他人的方式來命名與看待「女性與孩童」。若沒有如此質疑，我們也許便會認為，殺害女性與孩童是戰爭的不可饒恕之罪，但又同時拒認並合理化此範疇之外的死亡。在對加薩發起攻擊之後，這種推理模式在以色列的媒體中相當盛行。許多人皆知道傷亡數字，但這些人的死亡並不算死亡。之所以如此，是因為受到攻擊與

8　譯注：matrix一詞為法律用詞，指法律文書的原本（或原件、原稿）。巴特勒通常使用matrix來指涉本質主義，認為本質主義是透過一系列論述、理解、規範等，才得以塑造出一個「原本」，而這原本便成了本質。在巴特勒看來，本質主義者接二連三的論述造出了特定的「原本」（如男人原本、女人原本，而巴特勒的例子則是異性戀原本）並以此原本來衡量、形塑主體；然而，之所以要如此規範，正證明了主體總是超出原本之外，無法預先被構想出來的「本質」所決定。請見：Judith Butler, "Prohibition, Psychoanalysis and the Heterosexual Matrix", in *Gender Trouble*, Routledge, 1999.

毀壞的身軀早已被構想為純粹的戰爭工具。

數字並不會為自己發聲。我在此希望能提供另一種計算戰死者的方式，這種計算並不屬於戰爭框架的一部分，反之，我希望能提供某種有別於戰爭行徑的東西。可弔唁與不可弔唁的生命之間澈底的不平等由某種規範準則所引導，而我們應當努力以獨立世界之名，運用更為澈底且有效的平等主義詞彙來超克兩者間的差異。兩者間的不平等遍及主流概念的形構過程與主流情感。因此，此處的目標便在於削弱兩者間的不平等。沒錯，這些數字仍會出現於規範架構之中，但這種架構是反戰架構，而非戰爭的一部分。

巴勒斯坦人權中心（Palestinian Center for Human Rights）統計一連二十二天對加薩發起的攻擊之中，傷亡人數究竟為何。我目前找到最新的數字是：一千四百一十七名巴勒斯坦人遭到殺害，四千三百三十六名巴勒斯坦人受傷，而大部分傷者與死者皆為平民。聯合國特派員李察・福克（Richard Falk）提供的數字則有些許不同：一千四百三十四名巴勒斯坦人死於加薩侵略，其中九百六十人為平民，而這些平民之中，有一百二十一人為女性，兩百八十八人為孩童（其他的統治資料則顯示，有三百一十三名孩童死亡）。以色列駁斥這些數字，指控哈馬斯（Hamas）[9]誇大平民傷亡數目，並認為死者中有超過七百名的哈馬斯武裝分子。即便我們接受以方說法，仍有五百至一千名巴勒斯坦平民死於這波攻擊。顯然，實際數字究竟為何，取決於怎麼理解「平民」

的範疇。要理解範疇的運作方式，我們就必須探問哈馬斯組織成員是否亦算作平民；除此之外，我們也必須知道，在加薩（或從空照圖檢視）究竟有沒有辦法分辨出誰是哈馬斯成員。我們必須謹記，哈馬斯本身也有平民分支與軍事部門，所以當我們主張戰死者是「哈馬斯」時，我們並沒有說是哈馬斯的哪個部分。這也許會讓結果有所不同。如果我們理解哈馬斯也組織並維繫了加薩的市民社會，那麼，哈馬斯便無法完全與平民生活斷開聯繫。這也就是說，我們也許無法分辨出誰是哈馬斯、誰是平民。以色列反對加薩接受任何人道援助的理由之一，便是因為他們不希望建立由哈馬斯所運作的食物分配體系，不希望藉此批准或合法化哈馬斯所做的分配。這也就是說，以色列，我指的是以色列政府，承認哈馬斯與加薩的市民社會和物質基礎設施之間的並存關係。哈馬斯中只有一部分人積極參與戰鬥（而在某些案例中，參戰的是從哈馬斯分裂出來的派系，這些人本身便是反對哈馬斯的），其他部分的哈馬斯成員屬於市民社會的警力，還有一部分人負責處理灌溉、水資源、糧食、交通與庇護。這樣一來，當我們說那些被殺的人是「哈馬斯」成員時，究竟所指為何？

9　譯注：巴勒斯坦伊斯蘭教遜尼派組織，成立於一九八七年，具備自己的武裝力量。直至二〇一七年十二月一日，加薩走廊都屬於哈馬斯的勢力範圍。

我在此還能提供更多無可置疑的數字：一百五十萬人口中，有超過百分之八十的人（二〇〇六年則是百分之六十三）依賴國際糧食援助。然而，近期糧食援助大幅減少，而圍攻加薩時，糧食援助幾乎全然中斷。加薩的飢餓問題一直是許多人討論的議題。從近期發動的攻擊往前推一年，百分之八十七的加薩人已然活在貧窮線之下，而這數字已是二〇〇〇年的三倍之多。在攻擊事件之後，學者預測約莫有百分之九十五的人口將會活在貧窮線之下。紅十字會在二〇〇七年十一月的一份報告中指出，能進入加薩的食物數量「足以讓人存活下來，但並不足以生活。」卜采萊姆（B'tselem）[10]的報導則指出，超過兩萬名加薩人的居所遭受轟炸，至今仍流離失所。在去年則有一系列紀錄讓我們知道，有許多人因為沒有適當的糧食、在嚴峻的醫療條件中無法接受治療而喪失生命。

當然，我們總是可以在聽到這些數字之後，把它們拋至一旁，也可以在聽到數字的同時聽到別的東西，或是聽到數字時，認為這些數字沒有指涉任何物事。也許有的人會假設，提供這些數字的人早已選邊站，不是反對以色列，就是沒將「全部的故事」給「全盤供出」。但請切記，許多尤太團體也相當積極地批判以色列與其占領，許多關心以色列未來的人甚至主張以色列的軍事主義終將使得以色列分崩離析。如果對這些數字聽而不聞，是因為害怕這些數字帶來的政治結論的話，那麼，我們自欺欺人的作為只是為了讓自己早已奠定的政治觀點免於任何挑戰。當然，也可能有人聽聞這些統計數字之後，沒有對其加以否定，只是認為這些數字最終影響不大——這些數字無關痛癢，或者，種種苦痛是受難者應得的；當然，也有可能是別的原因——在地與集體的民族建構過程中，滋長出某種正當的冷感（righteous coldness），而這種冷感是由公共政策、主流媒體以及戰爭策略中的主流社會規範所支撐。憤怒也有可能採行許多種反擊模式，而這也許能變成終止暴力的呼籲。正當的冷感並不僅是對於殺戮行徑無感，還需要帶著道德的滿足甚至道德的勝利感來看待生命的凋零。

我們可以分析以色列攻擊加薩時，有哪些軍事權力的文化頌詞（tributaries），並將其視作極大化某些人的危脆並極小化以色列的危脆。這種策略亟欲控管無法管理之物。此策略行不通的原因，正是因為它否認眾人皆暴露於暴力之中，將加薩領土轉變為開放的戶外監獄，澈底不受保護、隨時有遭受毀滅的風險；與此同時，以色列又幻想自己能脫離受暴力威脅的可能。普遍化的危脆條件讓每個人都同等暴露於暴力之中，而以色列透過否認這點來使脆弱性有了差別分配。當然，這是行不通的，因為以自己的意願來增加他者的危脆性會導致以下後果：他者會挪用同樣的自衛原則來保護自己，而這種自衛原則原先是由殖民權力所壟斷的。雖然殖民者能以自衛之名來

10 譯注：總部設立於耶路撒冷的非營利團體，旨在紀錄以色列占領區中侵犯人權的事件，希冀能提升以色列的人權觀。

無限合理化自己的暴力犯行，但若是被殖民者援引這些原則來守護生命與土地，便會被視作前現代部族「固有的」暴力。即便我們都能預測到這點，但我並不是結果論者。我的重點在於，這種邏輯之所以行不通，不是因為我們都是理性的生物，而是因為這類政治安排無法保障生命與土地，使得我們必然暴露於苦痛與死亡之中。危脆性不僅是個體的存在條件，更是一種社會條件。許多明確的政治要求與原則皆出自危脆性。在特定的政治處境中，殖民者以「刀槍不入的自衛」（invulnerable self-defense）為名來否認自己的危脆性，這無異於否認人類動物暴露於彼此時的處境——危脆性是所有存有者共享的普遍化條件。因此，危脆性並非人類生命獨有的標誌，亦即，人類生命亦無法免於所有存有者都必然面對的危急處境。

危脆性將彼此連結起來，但這並不代表社會連結是透過意願（volition）與謹慎討論而形成；我與他者的連結先於契約，而這種連結通常被奠基於意願個體存有論（ontology of volitional individuals）的社會契約給抹除。我們與陌生人緊緊相連，不知道他們是誰，也從未選擇與他們相連。屠殺他者便是否定我的生命。更有甚者，不僅是我的生命遭受否定——我的生命打從一開始便是社會生命，而這層意涵也被抹除了。這則普遍化的真理顯現在以色列（所謂「以色列」的疆界不停擴張，很難定位以色列究竟為何）與「巴勒斯坦」（其疆界則不停萎縮）的關係中，因為兩者雖無可避免且密不可分地糾纏在一起，它們之間卻沒有契約，也沒有相互協議。這麼一來，問題便浮現了出來：這種依存關係（dependency）、相鄰性（contiguity）與非出自意願的趨近（unwilled proximity）定義了以巴雙方的人口，他們讓彼此暴露於遭受毀滅的恐懼之中，並在缺少持久的政治結構時激起人的毀滅性；從這些關係之中，我們能推導出什麼義務？沒有這類連結的話，雙方都無法存活或倖存下去。我們該如何理解這類連結？這類連結又引領我們承擔哪些義務？

脆弱（vulnerability）所具有的趨近性與相互依存關係無可辯駁，但卻在許多種情況中被否定了。我們能藉由「平民」這個範疇來理解這種否定是如何發生的。許多以色列媒體主張，如果有平民或孩童遭到殺害，那是因為哈馬斯躲藏於平民之中，利用孩童當擋箭牌，並使得以色列必須合法地殺害平民和孩童以求自保，不受哈馬斯攻擊。這類主張者指責哈馬斯「犬儒地」利用孩童與平民活動中心來藏匿軍火。許多研究與報導皆已指出這類主張不具真實性，但現在姑且讓我們思索一下這種論證的運作模式。如果被迫擊砲與磷彈殺害的巴勒斯坦孩童是人盾（human shields）的話，那他們根本就不是孩童，而是軍備武裝的一小部分，推進並教唆對以色列的攻擊。誠如我們所知，以色列軍方同時瞄準了學校、戶外遊樂區和聯合國場所。那麼，這類攻擊無論如何都不是正當的自我防衛。以方仍將自己的過當防衛行為歸咎於哈馬斯（是哈馬斯成員先把孩童拿來當人盾的），而在南黎巴嫩的衝突中，以方也用一樣的主張攻擊真主黨

（Hezbollah）。[11]我不禁好奇：所有的孩童都是人盾嗎？還是只有部分孩童？我們是否不該將巴勒斯坦的小孩單純理解為擋箭牌？如果以色列的觀點正確的話，那麼，遭以軍殺害的孩童早已被轉變為軍事工具，亦即軍方所攻擊的人盾。我們替孩童「感到難過」或認為他們的生命遭受不公且殘酷的對待、被以怪誕不經且駭人聽聞的方式抹除；然而，這種「情感」早已被自認正當的冷酷軍事合理性所壓倒。實際上，這種軍事合理性不僅冷酷，還相當驕矜自傲地誇耀自己的能力。以方以無限擴張的自衛為名，造成了大規模的人類苦痛。他們要我們相信這些孩童並不真的是孩童、不真的活著；他們早已被轉變為冷冰冰的金屬、鋼鐵，屬於大型轟炸機具的一部分，而他們的身體只不過是軍事化的金屬製品，用來保護巴方攻擊者免於以方攻擊。唯一保護自己免於攻擊的方式，就是殺了這個孩子，殺了所有的孩童、一整群孩童。如果聯合國替這些孩童的權利發聲的話，那麼，聯合國設施也該一併摧毀。如果不將孩童視作戰爭的操控機器與防衛機器，我們也許便有機會將生命理解為值得存活、值得保護且值得弔唁的生命。一旦孩童被轉變為雙方的砲火，那麼，巴勒斯坦的孩童就不再活著了，而僅被視作生命的威脅。在雙方的交火中，只有以色列人的生命被算作生命，值得用盡一切來保護的生命。即便我們能算出巴勒斯坦平民與孩童的死傷數目，但這些生命本身並不算數。我們必須一而再、再而三地算這些生命。我們不停重新計算，就宛如我們從未學過如何計算。一群人口從什麼時候才開始算數？這群人口又是如何算數的？在原本（matrix）與框架之中，有什麼澈底的變革能讓傷亡數目帶出諸多生命的痕跡？而在什麼條件下，這些數字抹除了生者的痕跡，因而使生命不算一回事？在哪些條件下，弔唁才是可能的？

對此，有些人可能會提出反對意見：以色列南部村落中的以色列人呢？他們的生命不算數嗎？當然算數。我認為，他們不僅算數，他們的生命也受到承認，更有甚者，他們也應該要被算成生命。國際特赦組織美國分部的報導指出，「巴勒斯坦的火箭攻擊造成三名以色列平民死亡、四人重傷、十一人中重度傷害、一百六十七人輕傷……六名以色列軍人在巴勒斯坦武裝團體發起的攻擊中遭到殺害（而另外四名則被以色列軍方給「誤殺」），〔除此之外，〕巴勒斯坦武裝團體也向以色列南方發射了數百發火箭。」[12]

即便這些數字讓我們知道，比起以色列的損傷，巴勒斯坦損失更為慘重，但這類比較仍有所不足。重點並不在於讓雙方遭受同等的損失。我們不會主張，以方也應該要有同等的傷亡。重點在於以能夠存續的共居型態（a livable mode of co-habitation）為名，反對所有形式的毀滅。

---

11 譯注：一九七八年三月十五日，以色列派出兩萬五千名士兵占領黎巴嫩南部多處區域，目標是瓦解巴勒斯坦解放組織。以方軍火強大，造成巴勒斯坦人與黎巴嫩平民死傷慘重。至今黎巴嫩南部仍不斷有衝突發生。

12 http://www.amnestyusa.org/document.php?id=ENGMDE150212009

即便在這場衝突中，以方的死傷人數比起巴方少上許多，但對以色列人與大多數的公共媒體而言，以色列人的生命、死亡與拘留的統計圖表總是更為醒目；這種思考方式屈就於既定的人類生命規範，認為某些人的生命更像生命、甚至是生命本身，而巴勒斯坦人的生命要不是非生命或陰影般的生命，就是所謂對生命的威脅。若成為後者，巴勒斯坦人的生命便會完全轉變為軍事威脅或鬼魂般、永無止境的威脅，繼而讓以方將「自衛」無限上綱。以方的防衛舉動毫無限制，而這也體現在他們無限制的攻擊準則（無限制、無羞恥、無視國際法禁止的戰爭罪）。[13]

我們反對殺戮無辜平民，無論這類殺戮發生在何處、加害者或殺害者是誰，我們皆反對這類作為。但是，這準則只有在以下條件下才能發揮效用：我們使用「殺戮」一詞來描述在操場玩耍的孩童所遭受的毀滅，以及將被瞄準的目標人口認識為「活生生的」（living）人。換句話說，如果特定人口（其中最為顯著的例子便是巴勒斯坦人）並不被算作活生生的存有者，如果他們的身軀被理解為戰爭的工具或純粹的攻擊容器，那麼，即便尚未遭到殺害，他們的生命也早已被剝奪，轉變為沒有生命的物質（inert matter）或摧毀萬物的工具性，因而在有機會存活之前，就已被埋葬。以方很弔詭地以生命之名認為他們應受毀滅。殺害這類人或一整群人口，意味在決定誰會被算作生命之前，便已有種族主義對生命進行區分。因此，當我們要運用「不可殺人」（thou shalt not kill）這則規範時[14]，我們早已無法看清究竟誰是活著的。在這種情況下，我們便得以思考「保衛生命」為何反倒終結了生命，且「保衛生命」的人甚至認為這是正當行徑。我們無法理解到，「生命」在這類運作中雙重化了（redoubled），兩者無法與彼此徹底分離。我們並不是作為「人」而連結在一起，而是作為「人類動物」——我們的存續奠基於「非出自意願的趨近」和「相互依存」這類社會條件所構成的政治組織。當然，我們總是有可能將死亡分派給他者，並保存自己的生命。但這麼做無異於沒有理解到自己的生命與他者的生命緊密相連，而我們對彼此的義務便從這最根本的社會條件中萌生而出。有時，我們能夠認識到我們與彼此如此相連，也能認識到危脆性是主張生命等價的根柢之一。這種認識發生於既定肯認規範的界限之上，而當這些規範為戰爭服務的時候，更是如此。這種認識讓我們知道，在戰爭脈絡中，一切肯認規範接受危脆性所縈繞。這類規範透過媒體框架、論述、數字和影像而連結起來，並以非靜態且不可

---

13 以色列政府的網站時常援引以色列人權團體卜采萊姆所發佈的數字。二〇〇五年撤出加薩之後，一直到二〇〇八年，共有十一位以色列人被從加薩發射的卡桑火箭〔譯按：Qassam rockets，哈馬斯開發出來的簡易火箭彈〕給殺害。另一方面，光是在二〇〇五年到二〇〇七年，以軍在加薩就屠殺了一千兩百九十名巴勒斯坦人，其中有兩百二十二位孩童——而這還是在最近的戰爭爆發之前的統計數字。當然，雙方的死傷數目根本不成比例，但這些數字也同樣告訴我們，我們不該認為哈馬斯無論如何都不能或無法放下武器。

14 譯注：《出埃及記》20：13。十誡中的第六條誡命。

預測的方式流通。在戰爭的框架瓦解或出現縫隙之際，生命的痕跡出現在顯現物的邊緣或表層（surface），框架便無視盛行的禁令，在無意間奠立了可弔唁的人口。在此時，批判性的憤怒便可能萌生而出，戰爭也就有可能從原先的目標敗退。

二〇一〇年五月，筆於加州柏克萊

導論

危脆的生命、可弔唁的生命

本書由五篇為回應當代戰爭而寫的論文組成，聚焦於呈現我們的情感和倫理傾向是如何受暴力的選擇性差別框架所規範。某些層面上來說，本書延續了左頁出版（Verso）於二〇〇四年出版的《危脆生命》（*Precarious Life*），尤其是前書中的這則主張：某些生命若沒有先被認識為生命，他們的傷痛或消逝也就不會為人所認識。如果特定生命不夠格稱作生命，或打從一開始就沒有在特定的認識論框架中被視作生命，這些生命便不曾完全地活過或消逝。

一方面，我希望讓讀者注意到因「框架」而產生的認識論問題：我們之所以認識或無法認識他人的生命，或他人的生命之喪失或受傷（可喪失或可受傷），是因為我們用來理解的框架充滿了政治意涵（politically saturated）。這些框架本身就是權力的運作，雖不會單一線性地決定顯現[1]的條件，但其目標仍是界定顯現的領域。另一方面，我想探討的是存有論層面的問題：「什麼是生命？」生命的「存有」本身便是透過篩選手段建構而成，因此，我們沒辦法在脫離權力運作的情況下來指涉此「存有」，反倒必須更明確地闡述生命是如何由特定的權力機制生產而來。這則見解顯然會影響到細胞生物學與神經科學對於「生命」的思考，因為，許多框定生命的方式既影響了科學實踐，也在生殖自由與安樂死的討論之中，引出了生命始末的辯論。我要談的物事也許能對這些爭論提供些許意涵，但我此處聚焦的主題是「戰爭」——發動戰爭，是為什麼、又是如何變為更容易，或更困難的一件事？

認識生命

生命的危脆迫使我們承擔起一項義務。我們必須追問，是在什麼條件下，我們才有可能認識生命或某一群生命的危脆，而又是什麼降低或抹除了這種可能性。當然，認識生命的危脆，並不必然代表我們會致力於保護生命，或維護能夠使其延續並茁壯的條件。正如黑格爾與克萊恩（Melanie Klein）以不同方式指出的，認識到生命的危脆可能會導致暴力加劇，也就是在洞察到某群他者的生理脆弱性時，反倒激起了摧毀他者的慾望。然而，我認為，如果我們希望有更廣大的社會與政治主張來保護他人延續並茁壯的權利，首先就必須有一種新的身體存有論（bodily ontology）的支持，這種身體存有論包含重思危脆性、脆弱性（vulnerability）、可受傷性（injurability）、相互依存、暴露、身體的存續（bodily persistence）、慾望、工作、語言的主張及社會歸屬。

在此面向談論「存有論」，並不代表將存有的基本結構與任何社會和政治組織區隔開來。恰恰相反，這種種條件都處於其政治組織與詮釋的內部。這種存有論所指涉的身體的「存有」，總是受到他者的約束、種種規範的制約，以及諸多社會與政治組織的介入。這些組織在歷史發展中，不斷將某些人的危脆極大化，又將其他人的危脆極小化。我們不可能先定義身體的存有論，再談論身體的種種社會意涵。反之，作為身體而存在，就意味著暴露於社會的形塑與形式之中，而正是這點使身體存有論成為社會存有論。換句話說，身體不但暴露於社會與政治連結的種種角力之中，也受社會性（sociality）的主張所影響，包含語言、工作與慾望，而正是這些物事使得身體得以延續並茁壯。帶著存在主義意涵的「脆弱」（precariousness）概念，因而與帶有政治意

1　譯注：appearance一詞有許多不同的譯法，在哲學文本中，通常可譯為表象（相對於真實）；然而，巴特勒此處著重於諸多框架對生命的不公平呈現，讓許多逝去或受傷的生命無法顯現出來，進一步使我們難以看見或理解其他人的苦痛。故此處譯作「顯現」。

味的「危急」（precarity）相互連結。而在我看來，正是對「危脆性」的差別分配，讓我們在重思身體存有論的同時，也能思考進步或左翼政治能如何超越並穿過種種身分範疇（categories of identity）。[2]

能否認識生命，這問題部分取決於根據規範而生產的生命是否夠格被算作「生命」或生命的一部分。這樣一來，存有論的規範性生產便產出了生命的認識論問題，而這又凸顯出了這則倫理問題：認識或保護他人免於傷害與暴力，意味著什麼？當然，在這則分析中的每個層面，我們談論的皆是不同的「暴力」模態（modalities），但這並不代表這種種模態都是一樣的，也不代表我們不必於其中劃出區別。諸多「框架」讓生命之間產生差異（或生產出了某種生命的連續體），使得我們能認識某些生命，卻無法認識其他生命。框架不僅組織了我們的視覺經驗，也製造出許多特定的主體存有論。用來建構主體的種種規範，在其反覆之中生產並轉移了肯認。[3]主體的詞彙。這些主體生產過程中的規範條件，生產出了一種歷史偶然的存有論，使得我們辨別與命名主體「存有」的能力，取決於讓我們得以肯認他人的種種規範。與此同時，我們也不該將種種規範的運作理解為某種決定論。規範計畫皆會擾亂彼此，它們的顯現或消逝皆奠基於更廣大的權力運作，且時常遭遇到它們主張自己知道之事物的鬼魂版本：因此，有不太受肯認為主體的「主體」，也有不太或從未受肯認為生命的「生命」。那麼，生命是在什麼意義下，總是超出了使其得以受肯認的規範條件？主張生命超出肯認性的規範條件，並不等同於認為「生命」的本質便是抵抗規範，而僅是說，每一次建構生命的工作都需要時間，而沒有任何建構工作能克服時間本身。換句話說，建構生命的工作，從來就沒辦法一勞永逸。規範性建構本身的內部有其極限，亦即反覆（iterability）與異質的運作，少了這項功能，建構本身便無法發揮其塑造力，因而限制了其最終能發揮的效果。

那麼，也許，從結果來看，我們必須要思考如何將對生命的「認識」（apprehending）與「肯認」（recognizing）區分開來。「肯認」是一個較為強大的詞彙，此概念源自黑格爾的文本，並在

---

2 相關論點請見羅伯特・卡斯太勒（Robert Castel），《社會問題的變形：薪資勞動紀事》（*Les métamorphoses de la question sociale, une chronique du salariat*, Paris: Editions Gallimard, 1999；英文版請見理查・博伊德〔Richard Boyd〕翻譯的 *From Manual Workers to Wage Labourers: Transformation of the Social Question*, Edison, NJ: Transaction Publishers, 2005）。也請見賽吉・寶甘（Serge Paugam），《危脆員工》（*Le salarié de la précarité*, Paris: PUF, 2000）；南西・艾特玲格（Nancy Ettlinger），〈釋放危脆〉（Precarity Unbound），《另類刊》（*Alternatives* 32）（2007），頁319-40。

3 譯注：在巴特勒的用詞中，recognize／recognition通常皆與黑格爾的思想有著緊密的連結。對黑格爾來說，要知道「我」的確存在，就必須先肯定並承認「非我」的存在；除此之外，「我」對其他的「我」來講亦是「非我」，因此「我」的存在也必須受到「非我」的肯定與承認。故此譯作「肯認」。

多年來不停遭受批評與修正。[4] 相較之下，「認識」就沒這麼精準，因為這個詞彙可以單純指涉標記（marking）、紀錄，或在沒有全然認知的情況下的知道。如果認識是一種「知」（knowing）的形式，那它便無法與感知以及知覺分開來，而是一種不總是，或尚未成為概念形式的知識。我們能夠認識什麼，當然受到肯認規範的影響，但若認為我們在認識生命時，全然受現有的肯認規範所限制，那是大錯特錯。例如，我們可以認識到，某些物事並不受「肯認」所肯認。因此，認識可以成為批判肯認規範的基礎。事實是，我們不總是單純尋求單一且獨立的肯認規範，反倒會探詢「肯認性」之中更普遍的條件，而這些條件是與歷史銜接並透過歷史而實施的（enforced）。如果我們追問：肯認性是如何建構的？那麼，我們便透過這個問題獲得了一種觀點，這種觀點認為，這種種場域皆在歷史之中建構而成，且無論其作為顯現條件的功能是如何先驗，其建構的型態都是極為多變的。如果「肯認」點出了某種行動或實踐，或甚至是主體之間的某個場景，那麼，「肯認性」則點出了更為普遍的條件，替主體的肯認做準備並形塑主體——普遍的概念、慣習和規範皆以這種方式「行動」，將活生生的存有者（living being）塑造成能夠接受肯認的主體（recognizable subject），儘管這過程並非萬無一失，也並非總是能獲得理想的成果。這種種範疇、慣習與規範，在在替主體的肯認做準備和打基礎，並使得這種主體先於肯認行動本身，且讓肯認成為可能。在此意義下，肯認性先於肯認。

肯認的框架

那麼，肯認性又是如何為人所理解呢？在第一種情況裡，肯認性並非個體人類的某種特質或潛能。如此主張看來也許有點荒謬，但質疑「把人格（personhood）[5]視作個人主義（individualism）」這種觀念，是相當重要的。如果我們主張，肯認性是一種普世的潛能，且其屬於作為人的所有人，某種程度上來講，我們已經解決了我們目前面臨的問題。我們已經確定了，

---

4 請見潔西卡・班傑民（Jessica Benjamin），《像主體，愛對象：論肯認與性別差異》（*Like Subjects, Love Objects: Essays on Recognition and Sexual Difference*, New Haven: Yale University Press, 1995）；南西・費雪（Nancy Fraser），《中斷正義：反思「後社會主義」情境》（*Justice Interruptus: Critical Reflections on the "Postsocialist" Condition*, New York: Routledge, 1997）；費雪與霍奈特（Axel Honneth），《重新分配還是肯認？：一場政治哲學的交流》（*Redistribution or Recognition? A Political-Philosophical Exchange*, London: Verso, 2003）；霍奈特，《爭取肯認的奮鬥：社會衝突的道德文法》（*The Struggle for Recognition: The Moral Grammar of Social Conflicts*, Cambridge: Polity Press, 1996）；《物化：老概念新觀點》（*Reification: A New Look At An Old Idea [The Berkeley Tanner Lectures]*, New York: Oxford University Press, 2008）；帕臣・馬凱爾（Patchen Markell），《受肯認約束》（*Bound By Recognition*, Princeton: Princeton University Press, 2003）；查爾斯・泰勒（Charles Taylor），《黑格爾與現代社會》（*Hegel and Modern Society*, Cambridge: Cambridge University Press, 1979）；以及泰勒和艾米・古特曼（Amy Gutman）合編的《多元文化主義：檢視肯認政治》（*Multiculturalism: Examining the Politics of Recognition*, Princeton: Princeton University Press, 1994）。

5 譯注：此處的「人格」所指的並非「性格」（personality），而是「人作為人」的狀態。在（法律）思想史上，如何定義誰是「人」、因而有機會成為「公民」或「市民」，並接受法律保障，一直是許多爭議的核心所在。

某些特定的「人格」概念會決定肯認性的視野與意義。因此，我們將某種規範性的理想訂定為分析的先決條件；事實上，關於肯認，我們已然「肯認」了所有我們需要知道的事。肯認並沒有對傳統上被視作肯認性規範的人類形式提出挑戰，因為「人格」正是該規範。然而，重點在於，我們需要探尋，這種規範是如何運作並生產出特定的主體，將其視作「可受肯認」的人，而其他主體則難以受到肯認。問題不僅是如何將更多的人含括進現有的規範之中，還得考量現有的規範是如何差別分配「肯認」。有什麼新的規範是可能的？而這種種新規範又是如何鍛造出來的？要產生一系列更為平等的肯認條件，我們還可以做些什麼？換句話說，若要產生更為根本的（radical）民主結果，我們可以做些什麼來改變肯認性所使用的詞彙？

如果肯認是一種由至少兩名主體所執行的行動或實踐，且正如黑格爾式的框架所指涉的，能夠建構出某種相互的行動，那麼，肯認性則描述了使肯認能夠、並且的確發生的種種普遍條件。這樣一來，我們就還有兩個詞彙需要理解：認識，即某種尚未成為「肯認」，或無法化約為肯認的「知」的形式；以及可理解性（intelligibility），即奠立可知領域的普遍歷史圖式（schema）。這便會建構出一種（至少起初能）被理解為某種歷史先驗（an historical *a priori*）的動態場域。[6] 並非所有「知」的行動都是肯認行動，但這則命題反過來說就不盡如此了：生命必須被理解為生命，必須符合特定的生命概念，才能受到肯認。正如同肯認性規範替肯認鋪路，可理解性的圖式也調節並產生肯認性規範。

這種種規範皆仰賴多變的理解策略，我們也因而能夠擁有，舉例來說，生與死的種種歷史。確實，我們一直以來都在爭論胎兒是否能算作生命或人命；我們也辯論「活生生的有機體」這個概念究竟為何，以及最初是什麼構築了此概念；除此之外，無論是腦袋、心臟之死，是法律聲明的效果或是一系列醫學與法律的證明，我們也不停探尋究竟是何種物事構築了死亡。這種種辯論皆牽涉了「人格」這個具爭議性的概念，並隱然質疑了「人類動物」以及與彼此連結（和混合）的存在是如何被理解的。這些辯論的存在以及持續存在，並不意味著生死是論述的直接結果（如果照字義上理解的話，那這真是個荒唐的結論），反倒是說，若沒有框架提供參照的話，世上便沒有生與死。即便生死發生於其大多時候被組織而成的種種框架之間、之外，或遍及這些框架，生死仍在不停**發生**（take place）[7]，即便其發生的方式質疑了建構存有論場域的種種機制是否有

---

6 關於「歷史先驗」，請見傅柯，《知識考古學》（*The Archaeology of Knowledge*, trans. A.M. Sheridan, London: Tavistock Publications Ltd, 1972）。也請見傅柯，《詞與物》（*The Order of Things: An Archaeology of the Human Sciences*, New York: Vintage, 1970）。

7 譯注：此處take place除了有「發生」的意思之外，就字面意義也能理解為「占有某處」。因此，此句亦能譯作：「即便生死發生於其大多時候被組織而成的種種框架之間、之外，或遍及這些框架，生死仍不停占據框架中的某些位置。」

其必然性。如果生命是依循肯認生命的規範所生產出來的，這就意味著，並不是所有關於生命的物事皆依循這些規範所生產，而我們並非一定得拒絕「生命」的殘存（remainder）這個概念，它是幽魂般懸置的生命，不停描繪並縈繞著生命的每個規範情境。生產是部分的，它將永久受其存有論上不確定的雙重自我所縈繞。確實，每個規範情境都受其失敗所蒙上一層陰影，而這種失敗通常都是一種形象的形式（figural form）。這種形象並不主張任何確定的存有論地位（ontological status），即便這個形象能被理解為「活著」，它也不總是能受肯認為生命。事實上，活在生命規範之外的形象，不僅成為了規範性該處理的問題，似乎也是規範性必須再生產的物事：這個形象雖然活著，但它卻不是生命。它掉出了規範所提供的框架，僅作為躁動的雙重自我而存在，其存有論無法穩固下來，但其活著的狀態能夠為人所理解。

正如我們所知，「to be framed」（被框起來）是個複雜的英文片語：圖片能框起來，罪犯被警察框在監獄中，清白的人也會被某些惡毒的人（通常是警察）所誣陷（framed），在此意義下，「to be framed」就是遭受陷害，或是有對某人不利的證據導致該人最終被「證明」為有罪。當圖片被框起來時，任何評論或擴充圖片的方式，都是有風險的。即便是極簡的圖框，如果不是作為對該圖框的歷史之自我評論，通常也都是作為篩選性的裝飾（editorial embellishment）所使用。[8]在此意義下，隱約引領著詮釋的框架與作為栽贓的框架有所關聯。如果有人被「框限」

起來，那麼，這個「框架」便是圍繞該人的行徑所建構而成，因此，該人的罪證確鑿，便成了觀者無可避免的結論。某些組織與呈現行為的方式，導致我們對該行為本身有了詮釋性結論（interpretive conclusion）。但正如我們從鄭明河（Trinh Minh-ha）的作品中得知的，我們其實可以「把框架框起來」，或甚至「將框架者框起來」，[9]而這會暴露生產個體罪行的詭計。把框架框起來，似乎牽涉對某種特定的視覺場域之高度反思，但在我看來，這並不一定要在稀有的反思形式之中才能獲得成果。恰恰相反，質疑框架，便是展示出框架從來就無法完全含括它所欲描繪的景象，而某些物事早已存在於框架之外，使得框架內的景像成為可能並受到肯認。框架從來就無法完全決定我們看見、思考、肯認與認識什麼。某些物事超出了框架並侵擾我們的現實感；換

---

8 當然，從圖像的說明跟描述來看就更明顯了，但框架仍有別種評論與發表意見的方式。在此，我自己對框架的閱讀同時源自批判文本與社會學文本：尤其請見，雅克・德希達（Jacques Derrida），《繪畫的真理》（*The Truth of Painting*, trans. Geoff Bennington and Ian McLeod, Chicago: University of Chicago Press, 1987）〔譯按：應為《繪畫中的真理》（*The Truth in Painting*）。〕，頁37—83。同時請見厄文・高夫曼（Erving Goffman），《框架分析：論經驗的組織》（*Frame Analysis: An Essay on the Organization of Experience*, New York: Harper & Row, 1974）；米歇勒・卡龍（Michel Callon），〈論框定與溢出框架：從社會學角度重探經濟外部性〉（An Essay on Framing and Overflowing: Economic Externalities Revisited by Sociology），收於《市場法則》（*The Laws of Markets*, Boston: Blackwell, 1998），頁244-69。

9 鄭明河，《被框住的框架者》（*Framer Framed*, New York: Routledge, 1992）。

句話說，某些物事雖然出現了，但它卻不符合我們對物事的既定理解。

某種洩漏（leakage）或污染使得這個過程比當初所預想的還更為容易出錯。在此，我們能稍稍調整並應用班雅明的「機械複製時代的藝術作品」論述。[10] 即便複製與可複製性的技術條件本身沒有使得脈絡完全變質（full deterioration），也生產出了關鍵的變化，改變了我們與戰爭時代的主流媒體資源所部署的框架之間的關係。這意味著，我們即便能夠在考量全球媒體報導的同時，替戰爭攝影的誕生界定某種單一的「脈絡」，影像的流通卻必定會脫離此脈絡。即便影像必然會降臨到新的脈絡之中，它的「降臨」也同時創造了新的脈絡，並成為界定與形塑新脈絡的過程中的一部分。換句話說，戰爭照片的流通，正如同監獄詩歌的散播（如第一章所探討的關塔那摩灣〔Guantánamo〕詩人），都一再與原先的脈絡產生斷裂：詩歌離開了監獄，即便囚犯離不開；照片在網路上流傳，即便其原先目的並非如此。無法流通的照片與詩歌（無論是遭受摧毀或是被禁止離開監獄），對於它們所描述的和它們的流通所遇到的限制（以及這些限制在影像與書寫本身之中的紀錄）來說，都仍具有煽動性。這種流通性，是受摧毀之物的一部分，而如果真相「洩漏」出去，關於毀壞行徑的報告便會在受毀壞之處開始流通。「脫離控制」即是脫離將事件、影像、戰爭文本框限起來的脈絡。但如果脈絡被框住了（沒有對脈絡的潛在界定，脈絡便不存在），且框架難免在時空中移動時與自身脫離（如果它必須得脫離自身於時空中移動的話），那麼，若使物事流通的框架（circulating frame）要降臨或抵達別處的話，就必須得脫離當初形塑它的脈絡。將這種「破除」與「脫離」理解為當前媒體現象的一部分以及框架的運作，意味著什麼呢？

框架能否控制、傳達並決定可見物事，皆取決於可複製性的條件，有時，框架之所以成功正是因為條件許可。然而，這種可複製性牽涉到不停脫離脈絡，不停劃定新的脈絡，也就是說，「框架」並無法控制其所傳達的物事，反倒在每次決定其組織的內容時發生了斷裂。換句話說，框架並無法讓一切一次到位，反倒變成了某種永久的斷裂，服從於讓其四處游移的暫時性邏輯。框架不停脫離其脈絡，這種自我脫離便因此定義了框架。這讓我們有不同的方式來理解框架的有效性與脆弱性，了解到框架容易被翻轉、顛覆或被有心人士作為工具使用。在某些情況下視作理所當然的物事，轉到別的情境中便會遭受批判的檢驗或質疑的目光。框架這種轉瞬即逝的向度也建構出了其情感的可能性與軌跡。因此，在阿布格萊布監獄之外流通的數位影像或從關塔那摩灣

---

10 華特・班雅明（Walter Benjamin），〈機械複製時代的藝術作品〉（The Work of Art in the Age of Mechanical Reproduction, 1936），收於《啟迪：文論與省思》（*Illuminations: Essays and Reflections*, ed. H. Arendt, trans. H. Zohn, New York: Schocken Books, 1969）。〔譯注：可參考從英譯本翻譯的《啟迪：本雅明文選》（張旭東、王斑譯，牛津大學，二〇一二）以及從原文翻譯的《機械複製時代的藝術作品：班雅明精選集》（莊仲黎譯，商周出版，二〇一九）。〕

外流的詩歌，便由憲法律師恢復原狀並安排其於世界各處的出版計畫。驚訝、憤怒、反感、欽佩或發現的諸多條件之奠立，皆取決於內容是如何在不同的時空中被框定的。影像或文本不受限的運動是一種「破除」，因此，即便影像或詩歌沒辦法從監獄之中解救出任何人，也沒辦法阻止炸彈攻擊，更無法翻轉戰爭的發展，這兩者仍讓我們得以破除平常對戰爭習以為然的情境，並引發更為廣泛的恐懼與憤怒，推動我們訴諸正義並終結暴力。

稍早我們提到了「to be framed」有「栽贓」之意，亦即透過策畫安排證據來讓錯誤的指控看起來像真有其事。特定權力掌控了顯現的條件，然而我們卻無法突破框架；我們被框限了，亦即遭到指控，甚至是在沒有充足證據與糾正的手段的情況下便預先受審。但如果將框架理解為特定的「破除」或「脫離」，那就較能將之與「越獄」類比。換句話說，這是某種解脫，鬆脫控制的機制，隨之而來的是嶄新的情感軌跡。在此意義下，框架便得以破除。我們甚至可以說，必須破除框架。當被監禁於關塔那摩灣的囚犯戴著手銬腳鐐雙膝跪地的影像，流傳至公共領域並引發眾怒時，框架便被破除了；而在阿布格萊布監獄的數位影像透過網路全球流通、助使公眾發自內心轉向反戰時，框架又再次被破除了。在這些時刻到底發生了什麼事？這些事情的發生僅是轉瞬即逝的片刻，抑或是框架作為具強制力且貌似真實的騙術這一事實被揭發，進而從掌權者非法的力量之中生氣蓬勃地脫離了出來？

我們該如何將框架的討論連結到認識生命的脆弱呢？起初，這看起來彷彿是要再次生產新的框架，並由此產生新的內容。我們如果是透過可及（available）的框架來認識生命的脆弱，我們的任務是否便是設置（install）能夠增強眾人對生命的脆弱之肯認的新框架？新框架的生產是另類媒體的一部分，雖說至關重要，但若僅將自己限制於這種觀點便會忽視其中的批判面向。框架脫離自身時，理所當然的現實便遭受質疑，暴露出當局者試圖控制框架所做的種種精心策畫。也就是說，問題不僅在於找尋新的內容，更重要的是重新理解對現實既成的詮釋（received renditions），藉此展現出能讓這種種詮釋脫離自身的方式。因此，決定生命能否受肯認為生命的框架若要建立其霸權（hegemony），便得流通與循環。這種流通帶出了，或者說，這種流通毋寧就是框架的反覆結構（iterable structure）。當框架為了建立框架而脫離自身時，其他認識的可能性便漸漸浮出檯面。原先框架使得生命的肯認具有相對性與差異，而這些框架碎解之際（這是框架流通機制的一部分），便有可能認識某些明明活著、但通常不受「肯認」為生命的人或物事。這個縈繞肯認規範的鬼魂究竟是什麼？祂彷彿是種增強的形象，在自身內外游移擺盪。在自身之內，必須驅離這個鬼魂以淨化規範；在自身之外，鬼魂又威脅恫嚇要抹除我們用以描繪自我的邊界。無論內外，鬼魂都認定了規範是有可能崩解的；換句話說，規範崩解的可能，便指出規範正是透過管理其「鬆動」（undoing）的面向才得以運作，然而這種「鬆動」卻又內在於規範的「穩固」（doings）。

危脆性與可弔唁性

我們每天都在報章雜誌讀到逝去的生命，而這些生命往往以數字表示。這些故事日復一日不斷上演，似乎永無止境、無可挽救。因此，我們必須叩問，如果不只要認識戰爭罹難者所擁有的危脆特質，還要將這則認識與戰爭所帶來的損失連結，藉此提出倫理和政治的反對意見，那我們必須做些什麼？由此便引發了諸多問題：框架的結構是如何生產情感的？情感與倫理、政治判斷與實踐之間的關係為何？

肯認生命的危脆不但需要將生命認識為生命，更要認識到危脆性便是生者所具備的面向之一。就規範層面而言，我的主張是，我們應該要以更包容且平等的方式來肯認生命的脆弱，而這應有與之相符的具體社會政策，如居所、工作、食物、醫療照護與法律地位。然而，我也有另一則看似悖論的主張，即危脆性本身無法**確實獲得肯認**。我們能夠認識、理解、遭逢生命的危脆，也能透過特定的肯認規範來預設危脆性，就如同特定的規範也能使危脆性遭拒門外。確實，肯認生命的危脆應當是所有人類生命共同享有的條件，而這條件甚至能將人與非人動物連結，但我們不應認為肯認生命的危脆便等同於主宰、理解或甚至完全認知（cognizes）到危脆性。因此，即便我認為肯認的規範應奠基於對危脆特質的認識，我卻不認為危脆特質是肯認所具備的功能或效果之一，也不認為肯認是理解危脆性的唯一理想途徑。

主張生命可被傷害或逝去、毀滅或被系統性地忽略至死，不只是強調生命的有限（因為死亡必然降臨），更是著眼於生命的危脆（也就是說，生命的存續仰賴種種社會與經濟條件的達成）。「危脆」這個概念便說明了生命是社會性的，也就是說，我們的生命總是或多或少由他人所掌控。生命的危脆便表示我們暴露於我們認識與不認識的人之下，且與我們認識、不熟或完全不認識的人之間維持相互依存的關係。從另一方面來說，這也意味著我們暴露及依存於他者，而大部分的人我們甚至連名字都一無所知。關係不必然是愛或照護，但卻構築了我們對他者的義務，而我們甚至無法明言也不知道大多數的他者究竟是誰，更有甚者，他們與我們之間的相似性也許不足以符合「我們」的定義。根據常見的說法，我們可以說「我們」對「他者」負有義務，並假設我們知道在這種處境中的「我們」究竟是誰。然而，這種觀點所隱含的社會意涵正是「我們」沒有也無法（does not and cannot）肯認自身。誠如列維納斯（Emmanuel Levinas）所言，「我們」從一開始便遭他異性所分裂，而「我們」的義務正是中斷所有「我們」的既存定義。

有限性這個存在概念將我們與生死的關係獨一化（singularizes），而危脆性則能超克並抗衡此概念，並著重於我們根本上存續的可能與匿名狀態皆與特定的社會死亡模式息息相關，也與其他受社會制約的延續與茁壯的模式相互關聯。我們並非出生後才變得危脆，因為危脆早已觸及出生本身（生命的誕生本身就是危脆的），也就是說，這關乎嬰兒是否存活下來，以及其存活依附於我們也許能稱其為「互助的社會網路」（**a social network of hands**）之物。正是因為生命有死亡的可能，我們才必須關照生命，使其存活。生命只有在可能消逝時，才會顯現出其價值。因此，重視生命的前提，便是其可弔唁性。大多時候，我們想像孩童來到世上，藉由世界存活了下來，長大成人並漸漸衰亡。我們將孩童想像為生命的誕生與慶典。可弔唁意味著生命逝去時會為人所弔唁，而這種前未來式[11]便是生命的條件。若對生命的可弔唁性連些微的理解都沒有，我們便無從慶祝生命的誕生。在日常的語言使用上，弔唁伴隨生命的逝去而來，並預設該生命已然結束。但根據前未來式（這也是日常語言的一部分），可弔唁性是生命之所以出現並得以存續的條件之一。[12]在生命剛開始要活出來之際，就已然預設了前未來式的「生命已經活過」。換句話說，「這會是一條將被活過的生命」是生命逝去時令人弔唁的前提，也就是說，這將會是被視作生命的生命，並透過此「視作」而得以存續。沒有可弔唁性就沒有生命，或者說，就只有活著但不是生命的東西。反之，如果「有生命永遠不會被活過」，那便不會有人給與關懷、沒有證言，即便逝去也無人弔唁。對可弔唁性的認識先於對危脆生命的認識，且正是可弔唁性讓我們得以認識生命的危脆。可弔唁性先於將生命認識作生命，且讓我們得以將生命認識為生命。生命初始之際便暴露於非生命（**non-life**）之中。

邁向對生命權的批判

當然，左翼人士比較難思考「生命」的論述，因為我們通常將生殖自由的倡議方稱作「支持選擇權」（**pro-choice**），而將反對方稱為「支持生命權」（**pro-life**）。[13]但也許左翼能以別種方式重思「生命」，並善用這種危脆生命的框架來達成更堅實的女性主義立場，支持諸多形式的生殖自由。顯而易見的是，持所謂「支持生命權」立場的人，很有可能用此觀點來主張胎兒正是無人弔唁且應受哀悼的生命，或者說胎兒是不被那些主張墮胎權的人肯認為生命的生命。確實，這種主張也許與動物權息息相關，因為我們也可以說，若依循種種人類中心的規範，動物通常是不被視作生命的生

11 譯注：前未來式（future anterior）亦稱未來完成式，指「在未來的某一件事情發生之前，某人事物將會如何（結束）」，如「明早鬧鐘響之前，桌上的麵包就會被吃完了」。

12 請見羅蘭・巴特（Roland Barthes），《明室》（*Camera Lucida: Reflections on Photography*, trans. Richard Howard, New York: Hill and Wang, 1982）〔譯按：中譯本請參見羅蘭・巴特，《明室：攝影札記》，許綺玲譯，台灣攝影，一九九七〕；以及雅克・德希達，《哀悼的工作》（*The Work of Mourning*, Pascale-Anne Brault and Michael Naas, eds., Chicago: University of Chicago Press, 2001）。

13 譯注：「支持選擇權」即支持女性有權選擇人工流產，應尊重每位女性是否繼續懷孕的選擇。「支持生命權」則是支持胚胎或胎兒有生存權利，應該被政府及法律保障，並可能因此反對任何形式的人工流產（包括人工流產合法化）。

命。這類辯論時常引發存有論層面的問題，探詢胎兒（或甚至胚胎）與「人」的生命狀態之間是否有顯著的差異，或動物以及「人類」之間是否有存有論差異（ontological difference）。[14]

我們姑且先承認這些在某種意義上都是活生生的有機體；但如此主張仍尚未有足夠根據來支持政策的施行。畢竟，植物也是活生生的物事，但素食者卻不總是反對攝取植物。更普遍一點來說，我們可以主張，毀滅與退化（degeneration）亦為生命的諸種過程本身不可或缺之要件，但這並沒告訴我們哪些種類的毀滅具有顯著的倫理特質（ethically salient）。在這類案例中，若要決定生命的存有特定性（ontological specificity），便會將我們引至生命政治（biopolitics）的討論，考量種種認識、控制與治理生命的模式以及這種種權力模態是如何進入到生命本身的定義之中。我們必須考量到生命科學種種不停改變的典範，例如從臨床典範轉移至分子模態的檢驗，或者是探詢究竟是細胞較為優先，抑或組織（tissue）才是生命更為初始的單位。這種種辯論都需要與生物醫學化（biomedicalization）的新走向相互連結，並思索新型態的生命治理，以及生物學的新觀點，如將人類與動物的「生」（bios）[15]並置討論（或者認真看待「人類動物」〔"the human animal"〕所隱含的混種關係〔chiasmic relation〕）。因此，我們便需要將戰爭的討論定位於生命政治，因為生物醫學化、生命治理、生物學等場域告訴了我們「生命」本身是如何獲得定義，並在新的知識／權力模式中重獲新生。我相當確定，我們可以依循這條路徑來理解戰爭與生殖自由兩者的生命政治，且若要在生命政治以及（更特定地來說）生物醫學化的領域之中定位出生命論述的話，這類思路便必不可少。正如唐納・瓊斯（Donna Jones）近期所言，生命論述、生機論（vitalism）傳統以及許多種族主義的學說之間，有著相當重要的連結。近年來，這些關鍵議題的文獻數目大幅增長。[16]然而，我關於此討論的貢獻並非著重於生死概念的系譜，而是將危脆性視

14　譯注：存有論差異（ontological difference）是哲學家海德格的用語，意指存有者與存有之間的差異。海德格認為，西方哲學長期以來若非將存有者（例如人）誤認作存有本身，就是將存有化約成「範疇」、「實體」等的研究，遺忘了讓存有者得以存有的根柢。除此之外，對海德格來說，只有人（海德格所說的此有〔Dasein〕）才有存有，人以外的動物或物沒有存有，亦無「世界」。

15　譯注：前述所提及的「生物醫學化」、「生命政治」、「生物學」等字首都是bio-，原文以bios表示。在古希臘文中，bios（βίος）即為「生（命）」，故此處譯作「生」。

16　唐納・瓊斯，《歐洲式微的承諾：兩次世界大戰間的生機論、美學政治與種族》（*The Promise of European Decline: Vitalism, Aesthetic Politics and Race in the Inter-War Years*, Columbia University Press, forthcoming）〔譯按：本書正式出版書名為《生命哲學的種族論述：「黑人特質」、生機論與現代性》（*The Racial Discourses of Life Philosophy: Négritude, Vitalism and Modernity*, Columbia University Press, 2010）〕。也請見安裘拉・戴維斯（Angela Davis），《廢監式民主：超越帝國、監獄與刑罰》（*Abolition Democracy: Beyond Empire, Prisons, and Torture*, New York: Seven Stories Press, 2005）；米歇爾・傅柯，《規訓與懲罰：監獄的誕生》（*Discipline and Punish: The Birth of the Prison*, trans. Alan Sheridan, New York: Pantheon, 1978）〔譯按：中譯本請參考米歇爾・傅柯，《監視與懲罰：監獄的誕生》，王紹中譯，時報出版，二〇二〇〕；《權力／知識：一九七二年至一九七七年訪談與著作選集》（*Power/Knowledge: Selected*

作某種由生死論述所管理及預設、但卻從未由任何論述所澈底解析的物事。

就我的觀點而言，我們不可能將生殖自由的論證（包含墮胎權）奠基於討論對象是否具有生命。幹細胞是活生生甚至是危脆的細胞，但這並不直接傳遞此意涵：政策決定應取決於幹細胞在哪些條件下該受摧毀或使用。並非所有「危脆生命」含括的物事都是先驗且值得保護，並使其免於遭受毀滅。但這種種論證正是在此遭遇了大難題。如果某些活生生的組織或細胞值得我們保護而其他的組織和細胞卻並非如此，這難道不會導出「在戰爭情況下，某些人命值得保護，而某些人命則否」這樣的結論嗎？要清楚為何這是則謬誤的推論，就必須考量分析中幾個基本的假定，並理解某種特定的人類中心主義是如何影響諸多有問題的論證形式。

第一個基本假設是，世上有個廣大的生命域不受人類的管理和決策影響，除此之外若還有別種想法，便無異於在生命科學的核心之中，重新設置一種令人難以接受的人類中心主義。

第二則論點相當明顯，但仍值得重申：在廣大的有機生命域之中，退化與毀滅皆是生命過程的一部分，也就是說，並非所有的退化都能停止而不使生命過程停止。諷刺的是，為了生而排除死，正是生命的死亡。

因此，要探討具有生命的物事時，便不可能斷先主張**生命權**，因為沒有權利能免除所有退化的過程與死亡；如此主張，只不過是人類中心主義某種全能幻想的運作，而這甚至會連**人類**

Interviews and Other Writings 1972–1977, New York: Pantheon, 1980）；《必須保衛社會：一九七五年至一九七六年法蘭西大學講座》（*Society Must Be Defended: Lectures at the College de France 1975–1976*, New York: Picador, 2003）；《生命政治的誕生：一九七八年至一九七九年法蘭西大學講座》（*The Birth of Biopolitics: Lectures at the College de France 1978–1979*, New York: Palgrave Macmillan, 2008）；紗拉・法蘭克林（Sarah Franklin）、瑟立雅・洛瑞（Celia Lury）與潔奇・斯塔西（Jackie Stacey），〈創意生命：新生機論的進路〉（"Inventive Life: Approaches to the New Vitalism," *Theory, Culture & Society* 22: 1 [2005], 1–14）；漢納・蘭德科（Hannah Landecker），〈細胞特徵〉（"Cellular Features," *Critical Inquiry* 31 [2005], 903–37）；唐娜・哈洛威（Donna Haraway），《同伴動物宣言：狗、人與顯要的他者性》（*The Companion Species Manifesto: Dogs, People, and Significant Otherness*, Chicago: Prickly Paradigm Press, 2003）、《謙遜—見證者@第二個—千禧年・女男©—遇上—基因剔除鼠™》（*Modest_Witness@Second_Millennium. FemaleMan©_Meets_ Oncomouse™*, New York: Routledge, 1997）；尼可拉斯・羅思（Nicholas Rose），《生命本身的政治：二十一世紀的生物醫學、權力與主體性》（*The Politics of Life Itself: Biomedicine, Power, and Subjectivity in the Twenty-First Century*, Princeton: Princeton University Press, 2007）；羅思與彼得・米勒（Peter Miller），《治理現在：對經濟、社會與個人生活的管理》（*Governing the Present: Administering Economic, Social and Personal Life,* Cambridge: Polity, 2008）；保羅・拉比諾（Paul Rabinow），《製造聚合酶連鎖反應：生物科技的故事》（*Making PCR: A Story of Biotechnology,* Chicago: University of Chicago Press, 1996）；《法國基因：煉獄中的煩擾》（*French DNA: Trouble in Purgatory*, Chicago: University of Chicago Press, 2002）；查理斯・湯普森（Charis Thompson），《製造家長：繁殖科技的存有論編舞》（*Making Parents: The Ontological Choreography of Reproductive Technology*, Cambridge, MA: MIT Press, 2005）；《幹細胞民族：全球化世界的創新、倫理與差異》（*Stem Cell Nations: Innovation, Ethics, and Difference in a Globalizing World*, forthcoming）。

（anthropos）的有限性一同否認。同樣地，若因為我們所考量的是人類生命的「生命」而主張討論必須聚焦於人類生命的特色，那這則主張最終也沒什麼道理。因為，正是在「生命」這點上，我們無法以絕對的方式明確區別出動物的「生」（bios）與人類動物的「生」。任何這類的區別都是無力的論證，且會再一次讓我們無法看清「人類動物本身也是動物」這則事實。如此宣稱並非討論人類是哪種動物，而是承認動物性就是人的先決條件，且沒有任何人不是人類動物。

許多人尋覓基礎來判定墮胎是否或何時具備正當性，並時常訴諸某種道德的「人格」概念來決定我們是否能合理地稱胎兒為人。人因而被理解為權利主體，有權保護生命免於傷害與毀滅；而非人或「前人」（pre-persons）則並非權利主體。這類的努力嘗試透過訴諸某種人格的存有論來解決倫理與政治問題，而人格的存有論則奠基於生物個體化（biological individuation）的解釋。因此，「人」的概念是透過個體發生學（ontogenetically）而定義的，如此主張的意思是，個體的道德地位或能力所假定的內在發展，變成衡量「人格」的顯著要素。這類辯論不僅將自身限於特定的道德領域，也受限於個人主義的存有論，無法認清生命即是危脆生命，而生命危脆便指涉了社會存有論，而這種社會存有論則對該形式的個人主義提出質疑。沒有各種維繫生命的殊異條件，就沒有生命。而社會性遍布於諸種條件之中，其基礎並非「人」那分離的存有論，而是人與人之間的相互依存，在這之中發揮作用的是可再生且持續性的社會關係，以及我們與環境和廣義的非人類生命形態之間的關係。這種形態的社會存有論（對其而言，社會與生態之間並沒有絕對的區別）對於我們如何重思生殖自由與反戰政治等議題具有具體的意涵。問題並不在於一個既存的存有者是否活著，也無關該存有者是否具備「人」的地位；反之，問題在於使其延續並茁壯的社會條件是否可能。只有探詢後面這個問題，我們才得以避免引發這一連串離題討論的人類中心與自由主義式的個人主義預設。

當然，這些論證仍未直接觸及的是，在什麼情況下，危脆的生命能獲得保護權，以及在什麼情況下無保護權。在道德哲學的傳統中，這個問題的提問方式通常是：誰決定獲得保護權與否，以及該決定奠基於什麼？但在此也許還需提出一組更基本的問題：在哪些時候，「決定」是作為相關連、適切或義務性的行動而出現？此處有個「誰」的問題：是誰做決定、這項決定所依據的標準為何？但同時也有個「決定」的問題：決策制定本身的考量是否於適當的範圍（appropriate scope）之中。決定要為了人或動物而擴展「生命」的含義和決定縮限（curtail）生命，這兩者之所以造成如此大的紛爭，正是因為在「決定該在何時何地實施」這點上，眾人並無達成共識。在哪些程度上，我們能將「可活的生命」（livable life）這個概念拓展至長者或臨終者？而為此我們又會付出些什麼、又該盡哪些努力？與主張決策「不是人的能力所及」這類宗教論證一同出現的，還有由成本效益分析所驅動的立場：經濟條件限制了我們擴展「生命」的能力，更遑論「可活的生命」。但請注意，當我們開始考量這類情境時，我們便想像了一群決策者，而決策本身與某種環境相關，且這種環境通常被理解為能否讓生命變得「可活」的條件。是否支持某個生命或提供生命存續的條件，這並不單純是政策考量的問題，因為蘊含在我們的反思之中的，便是對生命本身的存有論的預設。簡單來說，生命若要成為可活的生命，便需要支持以及賦與其能力的條件。

確實，在決定是否提供病患延續生命的機器或讓長者也接受護理照護時，這些決策在某種程度上都是透過考量生命的品質與條件而制定。生命之所以危脆，正是因為延續生命的可能性在根本上奠基於社會與政治條件，而非只是某種構想出來的內在生命驅力。當然，每種驅力都需要得到支撐（**propped**），[17]由其自身之外的物事所支持，這也是為什麼如果沒有最低限度讓生命可活的條件，生命就無法存續。而這對於「做出決定的個體」以及其他人來說，皆是如此。即便是「決定」該如何處置胚胎、胎兒、幹細胞或精子的個體，亦是如此。確實，保護權的決定者或主張者是在特定的社會與政治規範脈絡之中做決定，而這種種社會與政治規範亦框構出決策過程。除此之外，決策者也是在某種預設權利主張能受到肯認的脈絡之中主張保護權。換句話說，決策是社會實踐，而權利主張正是在我們能夠預設對話的條件時才得以出現，或者說，能夠在權利尚未制度化時，提出並激起討論。

然而，也許最重要的是，我們必須重思「生命權」，因為我們無法免於最終的毀滅，而必要的肯定性（affirmative）社會連結則驅使我們保障讓生命得以存活的條件，且是在平等主義的立場上做這件事。這代表我們需要積極的義務來提供基本的支持，以平等主義的方式極小化生命的危脆：食物、居所、醫療照護、教育、移動權與表達權、不受傷害與壓迫的保障等。生命的危脆替這類積極的社會義務扎下根柢（矛盾的是，危脆性是某種建構出人類動物普遍化的生存條件的「除去根柢」〔ungrounding〕），同時，這類義務的目標便是極小化危脆性與其不平等的分配。從這個角度來看，我們便能理解，在顯然是使用活細胞（living cells）來增加生命存續的可能時，研究者便會正當化幹細胞研究。同樣地，做出流產的決定，也可能是因為缺少種種社會與經濟支持的形式。這樣一來，我們就可以清楚知道，之所以主張反對特定形式的戰爭，是因為權力機制會極大化某些人的危脆性，同時又極小化其他人的危脆性；這兩者都破壞了基本的平等主義規範，無法肯認危脆性加諸於生者的倫理義務。

---

17 請見佛洛伊德在《性學三論》（*Three Essays on the Theory of Sexuality*, 1905, trans. James Strachey, Standard Edition, *7*: 123–246, London: Hogarth Press, 1953）中對「依附」（德：Anlehnung；英：anaclisis）的探討；以及〈論自戀：導論〉（"On Narcissism: An Introduction," 1914, trans. James Strachey, Standard Edition, 14: 67–102, London: Hogarth Press, 1957）。

當然，我們也可以說，對於那些想將生命區分為「值得活」以及「應受毀滅」的人而言，「可活的生命」這個觀念可能會成為他們的論證基礎——這正是支持特定戰爭形式的理性基礎（rationale），一方面區分出有價值與可弔唁的生命，另一方面則是毫無價值（devalued）、不可弔唁的生命。但這類結論忽略了平等主義的標準要求我們在思考何謂「可活的生命」時，一則重要的條件。危脆性不只被理解為這條或那條命所具備的特徵，更是一種普遍化的條件，若要否認其普遍性，就必須先否認危脆性本身。我們之所以有義務從平等的角度來思考危脆性，正是因為這種條件毫無疑問是能被普遍化的（generalizability）。在此基礎上，我們反對危脆性與可弔唁性的差別分配。除此之外，「危脆」這個概念隱含了生命對社會網路與生命條件的依附，也就是說，此處並不存在「生命本身」，而總是只有生命的條件，因為生命需要這種種條件才可活並進而可弔唁。

因此，此處的結論並不是一切終有一死或註定毀滅之物（例如所有的生命過程）都要求我們保存生命。毋寧說，義務源自於這項事實：我們從初始便是社會生物，仰賴外在於我們之物、他者、制度、持久且永續的環境，我們也因此是危脆的。要讓生命得以存續，就必須達到這些條件並積極更新與強化。若在特定處境中的生命沒有機會茁壯成長，我們就必須致力改善負面的生命條件。危脆生命意味著生命是種受條件制約的過程，而非某種單子式個體的內部特點（internal feature）或人類中心式的自負。我們的義務並不在於「生命本身」，而在於維護讓生命得以可能的諸多條件，或者說，之所以有義務維護生命條件，正是因為若沒有讓其得以存續的條件，生命便無法存續，而這些條件同時是我們的政治責任與最為棘手的倫理決擇。

政治形構

即便危脆生命是種普遍化的條件，但它也很悖論地，是受條件制約的條件（condition of being conditioned）。換句話說，我們可以說，所有生命都是危脆的，亦即生命總是在生命條件中出現，在生命條件中存續。先前對框架與規範的討論，旨在為這些條件的其中一個面向提供線索。我們無法輕易地在生命所處的框架之外肯認生命。這些框架不僅讓我們得以知道並指認何謂生命，也構築了這些特定（very）生命的存續條件。必須使生命條件存續，也就是說，這些條件並非靜態的實體，而是能夠再生產的社會制度與社會關係。如果這些條件無需更新，那我們也就沒有責任維護生命條件。同樣的道理，框架具有反覆的結構——框架具備可複製性因而得以流通，而這種可複製性讓框架的同一性本身面臨了結構性的風險。框架為了自我複製而脫離自身，而其複製則成為讓政治結果的斷裂得以可能的場所。因此，框架雖然依循規範運作，但仍能奠基於特定的流通模式來質疑特定場域的規範性。框架賦與結構種種模式的肯認（戰爭時期尤其如此），但其限制與偶然性也讓框架暴露出來並承受批判性的介入。

這類框架運作於監禁與刑求之中，在移民政治中也同樣可見其作用：依循框架將某些生命視作生命，而某些生命雖然顯然活著，但卻無法被視作生命。在知覺領域中，種種活躍的種族主義形式傾向於製造偶像般的人口，並將其視作特別可弔唁的；而其他人的逝去不是逝去，亦不可弔唁。可弔唁性在人口間的差別分配，解釋了為何以及何時政治會使我們產生種種情感傾向，如恐懼、罪惡感、正當的虐待傾向（righteous sadism）、失去感以及漠然。我們尤其要追問，為何在美國，許多人總是對特定的暴力形式給予正當的回應，而當這同一種暴力使美國受苦時，這些人要不是大聲哀悼（例如九一一的死者），就是認為這些苦痛難以承受（國家措辭中四處瀰漫的陽剛主張）？如果從生命的危脆性著手便會發現，所有生命都需要居所與食物，所有生命都需要依附於更廣大的社會網路與勞動，沒有生命能超克並免於傷害與死亡。[18]因此，我們可以分析戰爭時期對軍事權力的文化頌詞，將其視作極大化某些人的危脆性並極小化權力的危脆性。危脆性的差別分配同時是物質層面與知覺層面的問題，因為特定生命並不被「看作」具有潛在的可弔唁性，因而失去其價值。這些生命必須承擔飢餓、無業、法律剝奪權利，以及對暴力與死亡的差別暴露等重擔。[19]究竟是這種「看」或「看」的失敗造就了「物質現實」，還是物質現實導致「看」

的失敗？即便有可能回答此問題，這問題仍相當棘手，因為兩者似乎是同時發生的，而這類知覺範疇則是打造物質現實的必要條件（但這並不代表所有物質性都可化約為知覺，僅意味知覺有其物質效應）。

脆弱與危急是交織的概念。生命本就是危脆的：意外隨時會抹除生命，生命的茁壯從未獲得擔保。某種意義上來說，這是所有生命的特色之一，除非是幻想（尤其是軍事幻想），否則沒有人會認為生命不是危脆的。政治秩序（包含經濟與社會制度）的設計，都是為了傳達特定需求，因為若沒有這些需求，死亡的風險便會大幅增高。不穩定使得特定人口在政治性的條件之中，因為沒有獲得社會與經濟網絡的支持而受苦，並且差別性地暴露於傷害、暴力與死亡之下。這類人口受疾病糾纏的風險極高，也容易遭受貧困、飢餓、流離失所等威脅，並暴露於暴力之下，無人保護。危脆性的另一個特點是，在由政治所誘發的條件中，直接面臨獨斷國家暴力的人群的危脆

18 關於「有受傷可能」（injurability）的討論，尤其請見傑・伯恩斯坦（Jay Bernstein），《阿多諾：除魅與倫理》（*Adorno: Disenchantment and Ethics*, Cambridge and New York: Cambridge University Press, 2001）。在我看來，在當代哲學中，這本著作對於「有受傷可能」與倫理的分析最為切中要害。

19 阿席勒・滿貝貝（Achille Mbembe），〈死亡政治〉（"Necropolitics," trans. Libby Meintjes, *Public Culture* 15: 1 [2003], 11–40）。

性被極大化，而這些人通常除了訴諸於迫害他們的國家之外，別無選擇。換句話說，他們要求國家保護他們，但使其必須尋求保護的，正是這個國家。讓民族國家保護而免於暴力侵犯，就如同暴露於民族國家所掌握的暴力之下。因此，奢望民族國家保護他們免於暴力，正是交換了兩種潛在的暴力。確實，我們可能還有一些別的選擇。當然，並非所有暴力都來自民族國家，但當代的暴力例證中，鮮少有與這種政治形式無關的暴力。

本書主旨為戰爭的「框架」，亦即將經驗的選擇性建構視作發動戰爭行徑的關鍵要素。這類框架不單單反映出戰爭的物質條件，對於永久刻劃出物質現實的意圖（animus）來說，也是必不可少的。此處有許多框架帶來的問題：照片的框架、框定參戰的決定、將移民議題框限為「內部戰爭」（war at home），以及將性政治與女性主義政治框定為替戰爭服務。我認為，即便是戰爭也是透過特定方式框定生命之間有所差別的可弔唁性，藉此控制情感或讓情感升溫，因此，戰爭框定了多元文化主義的思考與性自由的辯論，而這兩者通常被認為是無關「外國事務」的議題。在性方面較為進步的女權或性自由概念不只被用來合理化對穆斯林人口的戰爭行徑，還藉由這些概念限制穆斯林國家的人移民歐洲。另一方面，在美國，這導致那些「看起來」屬於可疑族群團體的人遭受非法拘留與監禁，即便近幾年已有許多法律措施相對改進了。[20]舉例來說，那些認為性權與移民權之間存在某種「僵局」的人（尤其是歐洲人），無法解釋當前的戰爭如何組織或撕裂社會運動的主體。將「反穆斯林」戰爭的文化風險理解為新形式的強制移民政治，便是要求左翼陣營的思考要超越既有的多元文化主義框架，並在脈絡中思考近期發生的國家暴力、戰爭執行以及在邊界上越演越烈的「合法暴力」。

近幾年，歐洲與美國的性進步政治立場，總是與新倡議的移民權利與文化改變唱反調。這些矛盾與僵局的產生，似乎仰賴某種無批判思考能力的框架，因而無法理解所謂國內政治的分配與部署，其實一直以來都受戰爭更廣大的目標所影響。重新聚焦於當代政治中國家暴力的非法

20 舉例來說，請見：憲法權利中心，〈非法拘留與關塔那摩灣〉（Illegal Detentions and Guantánamo），http://ccrjustice.org/illegal-detentions-and-Guantánamo；〈美國在伊拉克的非法拘留帶來的大挑戰：安南〉（路透社），CommonDreams.org，二〇〇五年六月九日，http://www.commondreams.org/headlines05/0609-04.htm；美國國際特赦組織，〈關塔那摩灣與美國的非法拘留〉（Guantánamo and Illegal U.S. Detentions），http://www.amnestyusa.org/war-on-terror/Guantánamo/page.do?id=1351079；傑瑞・馬孔（Jerry Markon），〈律師表明，備忘錄證實了非法居留〉（Memo Proves Detention Is Illegal, Attorneys Say），《華盛頓郵報》（*Washington Post*），二〇〇八年四月九日，http://www.washingtonpost.com/wp-dyn/content/article/2008/04/08/AR2008040803080.html；喬凡尼・克勞迪歐・法維（Giovanni Claudio Fava），歐洲議會（European Parliament），〈CIA 非法拘留與移轉囚犯〉（Transportation and illegal detention of prisoners by CIA），二〇〇七年二月十四日，http://www.europarl.europa.eu/eplive/expert/shotlist_page/20070214SHL03138/default_en.htm；希納・夏希（Hina Shamsi），〈CIA 隱藏的真相與美國造成的不正義〉（CIA Coverups and American Injustice），*Salon.com*，二〇〇七年十二月十一日，http://www.salon.com/opinion/feature/2007/12/11/Guantánamo/index.html。

與獨斷影響，包含透過強制手段來實施並反抗合法性（legality），也許能夠讓左翼陣營重新找到別的方向，而非囿於使其陷入困境的自由主義悖論。反對非法強制與非法暴力的人需要組成結盟（coalition），無差別地反對所有形式的種族主義。如此一來，便意味著醞釀出一種新的性政治，堅決拒絕被挪用為戰爭的偽理論基礎。我們必須從新型態國家暴力的角度出發，重思左翼陣營的框架——尤其需要注意的，是以主權為名懸置法律限制或以國安為名捏造偽合法體系的新型態國家暴力。我們鮮少認為檯面上的「國內議題」會受到外交政策影響，也不認為某種類似的「框架」奠定了我們在兩個領域中的思考方向。我們也鮮少質疑這種國內／外的劃分框架。如果這類框架皆批判性地檢視彼此，那會產生什麼樣的政治？也許這會讓我們反對某些「進步的」國內議程（如女性主義、性自由），使其不再能支持戰爭或反移民政治，更讓其脫離性虐待的理論基礎。這也就意味著，我們必須以新的方式來同時思考性政治與移民政治，並考量人口是如何有差別地暴露於毀壞其延續與茁壯的條件。

這項工作冀望能讓左翼政治有新的導向，轉為將危脆性視作結盟中現存且可行的領域。要讓一群人口變得可弔唁，並不代表我們必須了解面對風險或處在風險中，每一個人的獨一性（singularity）。反之，這意味著政策必須將脆弱理解為共有的條件，並將危急視作政治誘發出的條件。兩者皆否定特定人群同樣暴露於澈底不平等的財富分配與差別待遇，尤其是從種族與民族面向所設想的、更宏大的暴力。肯認共有的危脆替我們帶來更堅實的規範承諾，要求平等並主張更堅定的權利普世化，藉以傳達基本的人類需求：食物、居所與種種使人得以延續並茁壯的條件。我們也許會稱這些條件為「物質需求」——是這樣沒錯。但一旦我們認識到這類需求獲得肯定或遭受否定的「框架」是如何讓戰爭實踐得以可能，我們就必定會有如此結論：戰爭的物質性有一部分就是由戰爭的框架所構成的。正如身體的「事情」與「物質性」（matter）之顯現，必定伴隨特定的塑形與驅動形式，戰爭這件「事」與其「物質性」也必定伴隨著條件制約與促進戰爭的形式或框架。相機的運作並不僅止於記錄並傳播刑求影像，它也同樣是轟炸的機具。這明顯表現出媒體再現總是會成為某種形式的戰爭行徑。[21]因此，在現下的歷史條件中，我們不可能將戰爭的物質現實與使其運作並合理化其運作的再現體制給區分開來。透過這類框架所生產的知覺現實並不必然導向戰爭政策，而這類政策也不總是單方面地創造出知覺的框架。知覺與政策僅是同一個過程的兩種模態，藉此妥協並懸置某群人口的存有狀態。這與「裸命」（bare life）不同，因為遭受質疑的生命並沒有被拋到城邦之外，遭受澈底的暴露，而是在某種強制暴露的處境中遭受權力關係綑綁與約束。生產出危脆的並非法律的撤回或缺席，而是非法的合法強制所帶來的效果

21　請見拙文〈帝國主義主體〉（"The Imperialist Subject," *Journal of Urban and Cultural Studies* 2: 1 [1991], 73–8）。

本身，或是不受所有法律約束的國家權力之實施。

這些反思也要求我們思考「身體」，因為沒有任何條件能完全「解決」人的危脆性。身體進入存有，也停止存有：作為物理存續的有機體，身體必然會遭受侵犯與疾病所威脅，並破壞其存續的可能性。這是身體必備的特質。不具備有限性的話，身體便無法「存有」，而其存續仰賴的正是「外在於自身」的物事。因此，這些特質屬於身體性生命的現象學結構。「活著」總是活著一段打從一開始便有風險的生命。生命有可能遭受風險並遭受外在抹除，且這種種因素並不總在我們的掌控之中。

即便從史賓諾莎式的身體性存續來看，許多人都強調身體極具生產力的慾望（productive desire），[22]然而，我們是否從未以史賓諾莎的角度來解釋身體的危脆性或其政治意涵？[23]史賓諾莎所說的「努力」（conatus）有可能被許多物事所削弱：我們不只在力比多的（libidinal）連結網絡中與彼此相連，也透過種種非意願的依附和趨近關係（proximity）與彼此相連；根據克萊恩的說法，這意味著某種模稜兩可的心理結果，包含侵略行為與慾望的結合。[24]除此之外，危脆與依附的普遍化條件總是在特定的政治形構中被剝削及拒認（disavowed）。無論意願或財富的多寡，都無法消除活生生的身體遭受疾病與意外的可能，即便意願與財富時常讓人產生這類幻想。這種種風險處於既有限又危脆的「身體性生命」之中，在此意義下，身體總是受社會形式與環境制約，使其個體自主遭受限制。共有的危脆條件意味著身體的構築總是處於社會之中並相互依賴，而這顯然是霍布斯和黑格爾以不同方式明確承認的。然而，正因為每具身體都有可能遭受他者的威脅（而他者也是危脆的），由此便誕生了不同的宰制形式。在當代的戰爭條件中，這種標準的黑格爾論點有其特殊意義：共有的危脆條件並非讓人相互肯認，反倒引領我們走向對特定人口的剝削，不把某些生命視作生命，認為他們是「可毀滅」且「不可弔唁」的。這類人口的逝去之所以無傷大雅或其生命之所以能被拋棄，正是因為他們的框架將其視作早已逝去或被拋棄的生物。他們被視作所謂「人類」的威脅，而非需要保護、免於非法國家暴力、飢荒或流行病的活生生的人。如此一來，當這些生命逝去時，他們並不可弔唁，因為，若依照這種合理化其死亡的扭曲邏輯，若要保護「生者」的生命，這類人口的逝去是必要的。

---

22 史賓諾莎（Benedict de Spinoza），《史賓諾莎讀本：《倫理學》與其他著作》（*A Spinoza Reader: The Ethics and Other Works*, ed. and trans. Edwin Curley, Princeton, NJ: Princeton University Press, 1994）。也請見吉爾・德勒茲（Gilles Deleuze），《史賓諾莎與表現問題》（*Expressionism in Philosophy: Spinoza*, trans. Martin Joughin, New York: Zone Books, 1992）。

23 德勒茲在《史賓諾莎與表現問題》中清楚探討了「身體能做什麼？」的問題。

24 克萊恩，〈論躁鬱狀態的心理成因〉（"A Contribution to the Psychogenesis of Manic-Depressive States," *Selected Melanie Klein*, ed. Juliet Mitchell, London: Penguin, 1986, 115-46）。

危脆性與可弔唁性的差別分配建構出一種另類於多元文化主義範本的思考，將民族國家預設為排除性的參照標準（frame of reference），並將多元主義視作思考異質的社會主體的良方。即便特定的自由主義準則（如平等與普世性）仍對此分析產生重大影響，但很顯然地，自由主義的規範預設了某種單一身分的存有論，無法容納我們在當代思考全球的相互依存與相互連結的權力網路和立場所必備的分析詞彙。當代政治生活的問題之一就在於，不是所有人都被算作主體。多元文化主義傾向預設已然建構的共同體、已然奠立的主體，然而，面對風險的正是那些不太受到肯認為共同體和活生生的主體的人，他們甚至不被視作「生命」。除此之外，問題不單純是「共存」（co-existence）與否，而是當代權力地景所追求的差別性主體形構政治，這包含了：（一）動員對性議題持進步主張者以偽自由概念反對新移民，以及（二）對性別與性少數族群的部署被用來合理化近期與當前的戰爭。

從這個角度出發的左翼政治的目標，便在於重新聚焦並擴展對國家暴力的政治批判。國家暴力觸及的範圍極廣，包含戰爭與合法化暴力，兩者皆使其得以差別剝奪特定人口用以極小化危脆所必備的基本資源。在福利國家逐漸崩解、社會安全網路碎解、所有改變的可能都遭受否定之際，這則批判似乎是迫切至極的需求。除此之外，我們不該如此聚焦於身分政治或以身分主張為基礎的信念與利益，而該更著重於危脆性與危脆性的差別分配，藉此形構新的結盟，超克前文所提及的自由主義困境。危脆性穿透了身分範疇與多元文化的地景，藉此形構出反國家暴力與反對其為了利益與地域防衛而生產、剝削與分配危脆性的能力。這樣的結盟並不需要在慾望、信仰或自我認同上取得共識。這場運動的目的在於為參與者在當前持續進行的種種對峙（antagonisms）中，提供一個庇護的環境，並將生機充沛的差異視為一種澈底的民主政治的標誌與根本（substance）。

可存續性、脆弱性、情感

「普遍化的危脆性」這則假設對個人主義存有論提出了質疑，即便這則質疑並非直接的質疑，也蘊含了特定的規範性結果。「生命是危脆的，必須保護生命」這種說法仍有所不足。面臨風險的是讓生命得以存續的條件，因此，道德層面的歧義（disagreements）不免聚焦於生命的條件能否獲得改善並減緩不穩定，以及如何達到這些目標。然而，如果這種觀點意味著對個人主義的批判，那我們究竟該如何開始思考我們的責任，並承擔起極小化危脆性的義務？如果身體存有論是重思責任的出發點，那正是因為，無論在表層（surface）或是深層（depth），身體都是一種社會現象：身體暴露於他人之下，因而是危脆的。身體的茁壯仰賴於社會條件與社會制度，也就是說，若要以「茁壯」的方式「存有」，身體就必須仰賴於外在於自身的物事。要如何從身體的社會性綻出結構（socially ecstatic structure）來思考責任呢？[1]身體屈從於社會形塑與力量，因而是脆弱的。然而，身體卻不只是銘刻社會意義的表層，身體本身也受苦、享受並回應世界的外在性（exteriority of the world）。這種外在性定義其性格、其被動性與主動性。當然，身體有可能也的確會受傷（世上並沒有不受傷害的身體），但這並不代表我們可以將身體的脆弱性化約為其可受傷性。身體必定遭逢外在世界，而這便點出了某種普遍困境：我們無法隨心所欲趨近（unwilled proximity）他者，也無法隨心所欲趨近超出掌控範圍的處境。這種「遭逢」（coming up against）是定義身體的模態之一。然而，正是這種不請自來的他異性才讓身體得以存有，且通常是這種他異性驅策身體回應世界。除此之外，對世界的回應也包含了範圍極廣的情感：歡愉、憤怒、苦痛、希望等等。

這類情感不只是批判與觀念形成的過程（ideation）的根柢，更是其材料。[2]從這個角度來看，原初的情感回應發生的瞬間，便隱含了特定的詮釋行動。詮釋並非單一心靈的自發行動，而是特定場域中，幫助我們形構與框構對當前世界的回應所帶來的結果。我們依附於這個世界，但這世界也衝擊著我們，並以複雜、時而模稜兩可的形式向我們索取回應。因此，危脆性之所以是普遍化的條件，便是因為身體從根本上便依附於持久且永續的世界，且受此世界制約；而回應以及責任，便座落於對這衝擊我們的世界的情感回應之中。這類情感回應總是透過中介所形成，因

---

1 譯注：ecstatic通常譯為狂喜，然而，巴特勒在此是使用海德格的概念「綻出」（德：Ekstase；英：ecstasy）。在海德格的哲學中，「綻出」源自古希臘文ἐκστατικόν（ekstatikon），即「外在於自身」，是時間性的基本特徵：即便我們處於「現在」，我們也總是「綻出」現在；因此，人的存有並非「是／否」的問題，而是可能性，亦即未來。如果回到巴特勒的脈絡，那麼，「我的身體」也總是綻出「我的身體」，必定受外在制約，但也因為有身體我才得以存續。

2 請見蘿倫・勃蘭特（Lauren Berlant）編輯的《親密》（*Intimacy*, Chicago: University of Chicago, 2000）；安・契科維奇（Ann Cvetkovich），《感受檔案：創傷、性向與女同公共文化》（*An Archive of Feelings: Trauma, Sexuality, and Lesbian Public Cultures*, Raleigh, NC: Duke University Press, 2003）；莎拉・阿美（Sara Ahmed），《情感的文化政治》（*The Cultural Politics of Emotion*, Edinburgh: Edinburgh University Press, 2004）。

此便求助於特定的詮釋框架，並制定這種種框架。情感回應同樣質疑框架的理所當然，並藉此提供社會批判所需的情感條件。正如我在別處所言，道德理論如果要知道其對象為何並採取行動，就必須演變為社會批判。我提出戰爭的脈絡作為理解這種圖式的方式，因此，我們必須思索「責任」應以何種方式聚焦於生命本身（而非這條命或那條命），或聚焦於維繫生命的社會條件（尤其當這些條件失效時），而非抽象層面的可存續性（survivability）。在戰爭的脈絡中，這項任務尤其迫切。

要轉向責任問題並不是件簡單的事，尤其是「責任」一詞的使用通常都違背我在此冀望達成的目標。舉例來說，在法國，對窮人與新移民的社會福利一直以來都遭受否定，政府便呼籲一種新的「責任」，要求個人不該仰賴國家，而該靠自己。法國甚至創造新的詞彙來描述這種「仰賴自身的個人」的生產過程：「責任化」（responsibilization）。我當然不反對個人責任，確切來說，我們在許多方面都必須承擔起對自己的責任。但這種構思引發出了幾個關鍵問題：我只須對自己負責嗎？我是否也該對其他人負責？我通常該如何決定我的責任範圍？我需要對所有人負責，還是只對某些人負責？我劃出界線的基礎為何？

然而，這還只是難題的開端而已。我必須坦言，我對這裡使用的代名詞有些疑慮。是否只有作為一個「我」，亦即個體，才應承擔起責任？有沒有可能，當我承擔責任時，這個「我」便必然與他者產生緊密的連結？如果這世界沒有他者的話，我會不會連思考的可能性都不具備？事實上，有沒有可能因為承擔起責任，這個「我」讓自身變成一種「我們」或一部分的「我們」？

但這種似乎是我或我的一部分的「我們」之中又包含了誰？而我到底該對哪些「我們」負責？這跟「我屬於哪個『我們』？」是不同的問題。如果我是以民族、地域、語言或文化為基礎來認同我所屬的共同體，並將我的責任奠基於該共同體，那我就隱約持這種觀點：我只需對那些在某方面能肯認為「像我」的人負起責任。但當我「肯認」某人「像」我時，又有哪些肯認性框架隱約運作？在這類情境中，又有哪些政治秩序隱約生產並調節這種「像」？對於我們不認識的人、考驗我們歸屬感的人或挑戰「像」的規範的人，我們又該承擔起什麼責任？也許我們以不同的方式屬於他們，而我們對他們的責任並不奠基於認識到現成的相似性（similitudes）。也許唯有透過批判性的反思，重思肯認性的場域是由哪些排除性的規範所建構而成，並思索我們的文化反射（cultural reflex）讓我們在為某些生命哀悼但冷眼旁觀其他生命的逝去時，究竟是哪些場域在運作，只有做到這點，這種責任才得以開始實現。

提議思考戰爭時代的全球責任之前，我想要先與某些錯誤的進路拉出距離。舉例來說，有人以共善之名發動戰爭，有人以民主或安全之名行殺戮之實，也有人以主權之名入侵他人的主權所及之地——這些人都認為自己執行的是「全球的行動」甚至是某種「全球責任」。在美國，近幾年不停出現「把民主帶到缺乏民主的國家」或「設立民主」云云。在這種情況下，我們必須追問，如果民主不是奠基於人民決策與多數決的話，那民主的定義究竟為何？權力是否能替一群並非位於其司法管轄權的人民「帶來」或「設立」民主？如果將某種權力形式強加於一群並無選擇該權力形式的人民，那麼，這個作為本身就是個非民主程序。如果將這種強加於他人的權力形式稱作「民主」，那我們就遇到更大的難題了：「民主」是否有可能成為某種以非民主方式強加於人的政治權力？民主必須指稱出政治權力是透過哪些手段達成，也必須指出這過程帶來了什麼結果。而這造就了某種困境，因為大多數人也都能在非民主權力形式底下投票（正如德國人一九三三年投票選出希特勒），但軍事權力也能透過無視或懸置選舉以及人民意志的表達，以顯然非民主的手段來「設立」民主。無論在哪種情況下，民主都失敗了。

反思民主的危機，會對思考戰爭時代的全球責任的方式造成什麼影響？首先，我們得提防某些「全球責任」的號召，它們預設某個國家特別有責任要把民主帶給其他國家。我很確定在某些時候介入是至關重要的，例如預防種族大屠殺。但將這種介入與全球任務或強制設立各種政府形式的狂妄政治（arrogant politics）相互混淆，則大錯特錯。狂妄政治之所以要在他國設立不同的政府形式，正是軍事權力的政治利益與經濟利益該對此負起責任。在這類案例中，我們也許會想說，或至少我會想這麼說——這種型態的全球責任是不負責的做法，而且有時還相當矛盾。

我們可以說，在這種情況下，「責任」一詞單純遭受誤用或濫用。我傾向同意這種說法。但這還不夠，因為歷史情境要求我們賦與「責任」這一概念嶄新的意義。確實，我們面對著極大的挑戰，要重新思考並構想「全球責任」這個概念，反對帝國主義的挪用並抵抗其強迫推銷的政治（politics of imposition）。

為了達到此目的，我想重返「我們」的問題，先開始思考這個「我們」在戰爭時期經歷了什麼。哪些生命被視作值得拯救與捍衛的生命？再者，我想問我們能如何以全球的概念來重新思考這個「我們」，並由此反對強迫推銷的政治。最後，以及後面幾章要處理的，我想考量為何我們有義務反對刑求，以及我們該如何從全球責任中導出某種重要的意義，由此反對一切形式的刑求。[3]

有幾種方法能探問戰爭時期的「我們」到底是誰，其一是問哪些生命被視作有價值且受人哀悼的，而哪些生命又被認為是不可弔唁的。我們可以將戰爭想為把人口分成「可弔唁」與「不可弔唁」的生命。我們無法哀悼不可弔唁的生命，因為它從未活過，從未被算作生命。許多人之所

3 關於此目標，請見凱倫．J．葛林堡（Karen J. Greenberg）編輯的《美國刑求大辯論》（*The Torture Debate in America*, New York: Cambridge University Press, 2006）；金．夏佩雷（Kim Scheppele），〈「反恐戰爭」中的刑求假說〉（"Hypothetical Torture in the 'War on Terrorism'," *Journal of National Security Law and Policy* 1, 2005, 285–340）。

以發動戰爭，是因為要保護特定共同體的生命，並藉此反對其他人的生命——即便這意味著奪走他人的生命。從這觀點來看，我們便可以看出全球人口是如何被劃分為「可弔唁」與「不可弔唁」的生命。在九一一事件過後，我們在媒體的圖像中看到許多逝者的照片，一旁還有他們的名字、故事、家人的反應。公開弔唁的目的是為了讓這些影像成為民族偶像（iconic），相較之下，非美國國民顯然就不那麼受公開弔唁，非法勞工就更不用說了。

公開弔唁的差別分配是具有極重大意涵的政治議題。至少從安蒂岡妮決定違逆國王的律令、公開哀悼其兄長時，便是如此。各國政府為何如此迫切地規範並控制可弔唁與不可弔唁的生命呢？在美國愛滋感染危機開始的前幾年，公開的守夜活動（public vigils）以及名冊計劃（Names Project）[4]讓人不再將愛滋造成的死亡與公共羞恥一同聯想，這種羞恥有時與同性情慾（homosexuality）相互連結，尤其是肛交，而有時則與毒品和雜交想在一塊。展示出姓名、將生命的某些殘餘部分繡在一起、公開展示並承認生命的逝去等作法，對國家而言皆有所意涵。如果死於當前戰爭的人也以如此公開的方式接受弔唁，那會發生什麼事？為什麼當局者沒有公開所有死於戰爭的人（包含被美國殺害的人）的姓名？為什麼我們永遠看不到他們的影像、姓名與故事，從來沒有看到其生命已然碎解的證明，永遠看不到、觸摸不到，也不會知道他們到底是誰。即便我們不可能將每條受戰爭摧殘的生命都獨一化（singularize），我們仍然有方式記錄那些遭受傷害與摧殘的人口，同時避免將其完全吸納至偶像般的象徵性運作。[5]

公開弔唁與憤怒息息相關，而且是直視不正義或難以承擔的逝去時產生的憤怒，而這種憤怒有極大的政治潛能。這也許是柏拉圖要將詩人逐出城邦的原因之一。柏拉圖認為，如果公民太常觀看悲劇，就會替他們所見的逝去感到難過，而這種公開哀悼會擾亂靈魂的秩序與位階，也會打斷政治權威的秩序與位階。無論我們談論的是公開的弔唁或是憤怒，我們所談的都是情感回應，而情感回應受到權力制度高度規範，有時甚至取決於公開的審查制度。在美國於伊拉克與阿富汗直接參與的當代戰爭中，我們能清楚看見情感是如何被規範以支持戰爭，甚至以更特定的方式被用來鼓吹民族主義的歸屬感。阿布格萊布監獄的照片起初在美國流通時，保守的電視名嘴皆認為把這些照片展示出來是件非常「不美國」的事。我們不該看到美方犯下刑求罪的圖像證據。

---

4 請見安東尼・圖尼（Anthony Turney）與保羅・瑪格里（Paul Margolies），《一直會記得：名冊計劃愛滋紀念被單》（*Always Remember: The Names Project AIDS Memorial Quilt*, New York: Fireside, 1996）。也請見 http://www.aidsquilt.org。〔譯注：名冊計劃始於一九八七年，參與者將死於愛滋病之親友的姓名寫上被單，再將被單集合至計劃基金會，並將其繡在一起。概念類似百納被。〕

5 大衛・辛普森（David Simpson），《九一一：紀念活動的文化》（*9/11: The Culture of Commemoration*, Chicago: University of Chicago Press, 2006）。

我們不該知道美國破壞了國際公認的人權。展現出這些照片很不美國，而若在艱困的環境下緩慢搜集資訊、理解戰爭是如何運作的，這也很不美國。保守方的政治評論家比爾・歐萊利（Bill O'Reilly）認為，這些照片會創造出美國的負面形象，而我們有義務營造出美國的正面形象。[6]唐諾・朗思非德（Donald Rumsfeld）也說過類似的話，他認為將這些照片展示出來是「反美國」的。[7]當然，這兩人都沒有想過，美國公眾也許有權知道美國軍事活動事務，或以民主傳統中的參與和審議制度為根柢，有權在罪證確鑿的情況下對戰爭進行評判。所以，這些人到底說了什麼？在我看來，此類案例中，想要限制影像力量無異於想要限制情感與憤怒的力量，因為他們清楚知道，情感能夠、也會使公眾反對伊拉克戰爭，事實上也的確如此。究竟哪些生命被視作可弔唁、應當受到保護、屬於應受尊敬的權利主體？這個問題又再一次帶我們回到情感問題。情感是如何被規範的？我們說情感遭受規範時，到底是什麼意思？人類學家塔拉・阿薩德（Talal Asad）近期寫了一本關於自殺炸彈攻擊的書，他首先提出的問題是：為什麼在遇到國家發動的暴力事件時，我們不總是會感到恐懼與道德反感，但看見自殺炸彈攻擊時卻會出現這些感受？[8]他之所以這麼問，並不是因為他認為這些暴力所採取的形式都是一樣的，更不是說我們應該要對兩者都產生同樣的道德憤怒。他好奇，我也好奇：為何我們的道德回應（首先採取情感形式的道德回應）隱約受到特定詮釋框架所規範？他的命題是，對於特定條件下逝去的生命，我們會產生恐懼與道德反感，但對其他條件下逝去的生命則不然。例如，如果某人在戰爭中殺人或遭受殺害，而戰爭是由國家所發動，且我們認為國家具有合法性，那我們就會認為死亡是令人惋惜、難過且不幸的，但不會因此認為這從根本上來說是不正義的事情。根據阿薩德的說法，在同樣的情況下，若是被認為非法的叛亂團體犯下了暴力罪行，我們的情感就難免會發生改變。

雖然阿薩德要我們思考自殺炸彈攻擊（但我在此並不打算馬上思考這件事），但很顯然他是在談論道德回應所具備的重要性；換言之，我們情感的一部分受制於我們詮釋周遭世界的方式，而我們如何詮釋我們的情感，確實會改變情感本身。如果我們也接受這則說法，認為情感的結構

---

6 「阿布格萊布監獄這件事很有趣，《紐約時報》批評我沒有把照片展示出來。我跟觀眾說，我告訴你們到底是怎麼一回事好了。我沒有播放照片，因為我知道——你們知道的，我們的節目在全球都有播出——當我把照片展現出來時，《半島電視台》就會從《歐萊利秀》擷取這個部分報導出來，並煽動反美情緒。這麼一來，就會有越來越多人遭受殺害。這就是為什麼我沒有這麼做。你想看照片，就自己去別的地方看，反正這裡沒有就是了。」《歐萊利秀》（*The O'Reilly Factor*），《福斯新聞頻道》（*Fox News Channel*），二〇〇五年五月十二日。

7 舉例來說，請見葛雷格·米雪爾（Greg Mitchell），〈法官要求放出阿布格萊布監獄照片〉（Judge Orders Release of Abu Ghraib Photos），《編輯與出版者》（*Editor and Publisher*），二〇〇五年九月二十九日，http://www.editorandpublisher.com/eandp/news/article_display.jsp?vnu_content_id=1001218842。

8 塔拉·阿薩德，《論自殺炸彈攻擊》（*On Suicide Bombing*, New York: Columbia University Press, 2007）。

會受到我們無法完全理解的詮釋框架所影響，我們是否就能夠理解為何我們面對某些生命的逝去會感到恐懼，而面對其他生命的逝去卻無動於衷或甚至覺得理所當然？當代的戰爭條件與高漲的民族主義，讓我們想像自己的存在與其他和我們具有民族親近性（national affinity）的人連結在一起，我們能夠肯認這些人，而這些人也符合某些文化特定的概念，能讓我們在文化上肯認他們為「人」。這種詮釋框架之所以得以運作，是藉由對某些人口隱約的差別待遇——我的生命與存在仰賴於某些人，而有些人則代表對我的生命與存在的直接威脅。當特定人口顯現為對我的生命的直接威脅時，他們就不會被視作「生命」，而是「生命的威脅」（這種活著的形象勾勒出的是對生命的威脅）。想想看，是哪些條件組合在一起，才讓穆斯林被視作野蠻或前現代、被認為尚未符合那些能夠被肯認為「人」的規範。我們殺的人並不真的是「活生生的人」，換句話說，當民族與宗教方面相似於我們的人逝去時，我們會感到恐懼與憤怒，但當穆斯林逝去時，我們不會產生相同的感受。

阿薩德尋思，人對種種死亡方式的認識，是否具有差異？比起空投炸彈，我們是否更堅決、更帶著道德憤怒來反對自殺炸彈所帶來的死亡？但在此，我好奇的是，是否同樣存在著對人口的差別看待，如起初便將某些人看作確實活著，而對其他人的存活狀態帶有質疑（questionable alive）、甚至認為其早已是社會死亡（socially dead；奧蘭多・佩特森〔Orlando Patterson〕以此概念描述奴隸的地位），或是活生生的生命威脅。[9]但如果戰爭或當前的戰爭奠基於生命的劃分並維持著這類劃分，將某些生命視作值得捍衛、具有價值且在逝去時可被弔唁，而其他生命則稱不上生命、沒什麼價值、不太受人肯認也不受人哀悼，那麼，當不可弔唁的生命逝去時，這群人之中那些理解自己的生命並不被認作完整、有意義的生命的人，便不免格外憤怒。因此，即便自衛的邏輯將這群人口視作生命的「威脅」，但這些人本身也是活生生的人，而共居（cohabitation）所預設的特定相互依存，也同樣含括了他們。這種相互依存是如何得到公開承認（或拒認）並設立（或否），對於倖存者、掙扎者、苟延殘喘的人、被抹除或拋在一旁等死的人來說，有相當顯著的意涵。之所以著重於這種相互依存的關係，正是因為當美國或以色列等民族主張其存續仰賴於戰爭時，便犯下了一種系統性的錯誤。因為，戰爭的宗旨便是否定我們所有人都持續且無可辯駁地受彼此制約，易受他者毀滅，並因為肯認這種共有的危脆性而需要多方面與全球的協議提供保護。我想，這說到底仍是黑格爾式的觀點，在此值得重申。我之所以不具備摧毀其他人的自由（也是為何各民族不具備摧毀彼此的自由），不僅是因為這會導向更毀滅性的結

9 奧蘭多．佩特森，《奴役與社會死亡：一項比較研究》（*Slavery and Social Death: A Comparative Study*, Cambridge, MA: Harvard University Press, 1982）。

果。這點毋庸置疑。但更根本的問題是，我這個主體與非我的主體相互約束，我們每個人都有力量毀滅他人與被毀滅，並在此力量與危脆之中約束彼此。在此意義上，我們都是危脆生命。

九一一之後，根據「疆界滲透程度」（permeability of the border）所發展起來的觀點逐漸占上風，滲透疆界被視作民族威脅，或將其視作身分／同一本身所面臨的威脅。然而，若疆界不具備滲透性或沒有鬆脫邊界的可能，是無法思考身分／同一的。疆界具有滲透性，因此才會畏懼侵略、侵占與侵犯，並以自衛之名提出領土主張。但另一方面，之所以放棄或超克某個邊界，正是為了建立某種超越領土主張的連結。擔憂可存續性被消除時，也許會出現這兩種情況，而如果情況真是如此，不就意味著我們對於「可存續性」的認識，注定與我們不認識的人以及根據我們的民族規範或狹隘規範無法完全肯認的人緊緊相連嗎？

根據梅蘭妮·克萊恩的說法，我們在回應可存續性所提出的問題時，便會發展出道德回應。[10]我認為克萊恩在這點上說得沒錯，但她的洞見之所以難以發展下去，便是因為她堅持，歸根究柢，重要的仍是自我（ego）的可存續性。為什麼是自我？畢竟，如果我能否存續仰賴與他者的關係，沒有「你」或是「你們」我便無以存續，那麼，我的存在便不僅屬於我，反倒必須在我之外，在那先於並超出「我」的邊界所尋得。如果我真的有邊界或邊界真的能「屬於我」，就僅是因為我已與他人分離，而正是因為有此分離，我才得以與他人連結。因此，邊界是關係的運作、差異的中介，亦是在我的分離之中，使得你我緊密相連的協商（negotiation）。如果我想保存你的生命，那不僅是因為我想保存我的生命，還因為如果沒有你的生命的話，「我」是誰便沒有任何意義，而我們必須在與他者之間這複雜、激情、對峙又必要的關係之中，重思生命。我也許會失去這個「你」以及許多特定的他者，而我也許能在失去之後倖存下來。但之所以有倖存的可能，只因為我並沒有失去任何一個「你」的可能性。如果我活了下來，那僅是因為，若沒有超出於「我」的生命，我的生命便什麼都不是，這便將我領向你（們），沒有你（們）我便無以存有。

我對克萊恩的解讀肯定很不克萊恩。確實，我相信她提供的分析驅使我們朝往的方向，是一條克萊恩不願也無法步上的路。請容我短暫說明一下我認為克萊恩有哪些真確的見解。即便我必定不同意她對驅力和自我保存的解釋，我仍必須奠基於她的分析發展一套社會存有論，儘管這是她會斷然否認的東西。

如果罪惡感與可存續性的恐懼相連，那便意味著，作為某種道德回應的罪惡感，指涉了一組前道德（pre-moral）的恐懼與衝動，而這與毀滅性及其後果有著緊密關聯。如果罪惡感使人類主

10 克萊恩，〈論躁鬱狀態的心理成因〉。

體產生困惑，那這疑問的源頭並非我們的生活好壞與否，而是生命本身是否得以存續。無論將罪惡感設想為情緒或感受，它讓我們知道道德化的過程是如何出現的，以及此過程如何在可存續性面臨危機時產生。如果摧毀與自己緊密相連、也就是愛與依附（attachment）對象／他者的念頭，會讓人感到罪惡，那這也許是出於自我保存的原因。如果我摧毀他者，那我便是摧毀我的存續所仰賴的他者，我那毀滅性的行徑因此威脅到我自己的存續。如果克萊恩說得沒錯，那麼，我大概不怎麼在乎其他人；他們對我而言，並不是某個與我分離、「值得」活著且其生命仰賴於我檢查我的毀滅性的能力的人。對克萊恩來說，存續與否先於道德問題。確實，罪惡感也許沒有點出與他者的道德關係，反倒是指出了一種不受約束的慾望與對自我保存的渴望。從克萊恩的觀點來看，我之所以希望他者存續下去，只是因為這樣我才得以存續。他者是幫助我存續下去的工具，而罪惡感甚或道德，都只是自我保存的慾望所產生的工具性結果。我的自我保存所受到的威脅，主要就源於我的毀滅性。

這麼一來，罪惡感似乎便點出了人類所具備的某種特殊能力，要求我們替特定行為承擔起責任。我之所以感到罪惡，是因為我想要摧毀我生存所需的連結。罪惡感主要顯現為自我保存的衝動（**self-preservative impulse**），而這與自我（ego）緊緊相連——即便我們知道克萊恩並非自我心理學家。我們也許能將這種自我保存的驅力解讀為將自己保存為「人」的慾望；然而，受到我毀滅性的潛力所威脅的是我自己的存續，這麼一來，罪惡感似乎指涉的就不太是人的特質（humanness），反倒是生命與存續的可能。因此，之所以會感到罪惡，正因為我們是具有生死的動物。罪惡感之所以是個問題，正是因為生命與其他生命緊緊相連，必須衡量其傷害、殺戮及延續生命的力量。罪惡感通常被視為典範式的（paradigmatically）人類情緒，或是與自我反思的力量相關，並因此將人從動物生命中分離出來。矛盾的是，死亡的恐懼和活著的意願（will to live）對罪惡感的影響，比理性的反思還要來得大。罪惡感因而駁斥了人類中心主義，不再將其解讀為道德情感，反倒是將人類奠立為尋求存續的動物，而其存續與否則端看薄弱、中介性質（brokered）的社會性之運作。生命的延續並非仰賴自我保存的驅力（我們通常將其構想為某種有機體的內在衝動），而是仰賴依存的條件，沒有此條件的話，存續便不再可能。然而，存續所仰賴的依存關係，也有可能對其產生危害，端看該依存關係的形式為何。

如果我們採信克萊恩的觀點，認為毀滅性是人類主體的問題，那麼，毀滅性似乎也是將人與非人連結起來的物事。在戰爭時期，所有生靈都處在高度風險之中，前述對「毀滅性」的理解似乎再貼切不過；在我看來，對於戰爭的發動者，亦即自己的毀滅性威脅到全體人口與環境的主體來說，亦是如此。因此，如果我在此章節提出某種對毀滅性衝動（destructive impulse）的「第一世界」批判的話，那正是因為我是美國公民，而美國在做的便是有系統地理想化其謀殺能力。在《尖峰時刻3》（*Rush Hour 3*）中，當幾位主角搭上巴黎的計程車之後，計程車司機便發現他們是美國人，並表現出對即將發生的美國探險的濃厚興趣。[11] 在路上，他發表了一則精闢的民族誌見解：「美國人啊！」他說道，「他們毫無由來地殺人！」當然，現在的美國政府有千百種殺人的理由，但同時卻不稱這些殺戮行徑為「殺人」。我之所以探究「毀滅性」的問題，並轉而研究危脆性與脆弱性，正是因為，若要重思全球政治，便需要某種視角的錯位（**dislocation of perspective**）。美國近幾年發起的戰爭（包含其刑求）所生產的主體概念，讓美國主體將自身生產為不受滲透的主體，永遠不會遭受入侵且刀槍不入。民族主義的運作，部分是透過生產並維持特定版本的「主體」才得以可能。我們當然可以稱這種主體概念為「想像性的」，但我們必須謹記，這種主體是透過強大的媒體形式才得以生產出來並維持，而賦與權力給這種版本的主體，正是這類媒體的運作方式：將主體自身的毀滅性呈現為**正當的**（righteous），而將其遭受毀滅的可能呈現為**無法思考的**（unthinkable）。

相互依存關係的構想，緊緊扣連著我們能否以及如何延伸政治依存的含義，並對超越民族的全球範圍承擔起義務。美國的民族主義從九一一攻擊後便加劇了，但請切記，這個國家將司法管轄權延伸到其疆界之外，懸置其疆界內的憲法義務，認為自己不受許多國際協約所約束。美國貪婪地守護自己的主權，但卻正當入侵其他主權國家，而在巴勒斯坦的案例中，美國甚至不承認其主權。我在此想要強調，超越民族國家範圍的依存關係與義務，必須要與主權主張超出民族國家邊界的帝國主義區分開來。要分出或保住這種區別並非易事，但我認為，這是當代必須面對的迫切挑戰。

「分裂」（schism）賦與並去除了民族主體的結構，而當我用「分裂」一詞時，其所指涉的是防衛與轉移（displacement，借用精神分析的範疇）的種種模態，讓我們以主權之名在某些時候捍衛疆界，在其他時候又能不受懲罰地（with impunity）毀壞疆界。呼籲相互依存就是呼籲超克這種分裂，並逐步肯認普遍化的危脆條件。沒有「我可以摧毀他者，但他者不能摧毀我」這種事，反過來說也一樣不成立。生命必定是危脆生命，這是個普遍化的條件。然而，在特定的政治條件下，生命的條件會澈底惡化或從根本上被否定。在這種分裂之中，主體認為其毀滅性是正當的，但同時卻希望自己能免疫於其危脆性。想到民族或其同盟有可能毀滅而產生的恐懼，驅動著這種分裂所歸屬的政治。這道無理的裂縫（unreasoned rift）存在於民族主義主體的核心之中。重點並不在於反對毀滅性本身，也不在於以總是僅追求和平的心智（psyche）之主體來對抗美國民族主義的分裂主體。我接受這種侵略性，將其視為生命的一部分，因而也是政治的一部分。然

11 《尖峰時刻3》，布萊特．拉特納（Brett Ratner）執導，二〇〇七。

而，侵略性能夠也必須與暴力分離開來（暴力是侵略性所採用的形式之一），而我們總是有辦法賦與侵略性合適的形式，使其為民主生活服務，這包含了「對峙」（antagonism）和論述衝突、罷工、公民不服從，甚至是革命。黑格爾與佛洛伊德皆了解，壓抑「毀滅」只能在壓抑的過程中重新安放（relocating）毀滅，因此，任何奠基於壓抑的和平主義都會替毀滅性找到另一條出路，永遠無法將其抹除。因此，僅剩唯一的出路便是以不同的方式形塑並抑制毀滅性，賦與其得以存續的形態，亦即肯定毀滅性會繼續生存，並在其出現之處承擔起社會與政治形式的責任。這種勞動將會不同於壓抑或脫韁且「解脫」（liberated）的表現。

之所以呼籲超克民族主體內特定的分裂，並非為了將其修復為統一且一致的主體。主體總是外於自身、異於自身，因為主體與他者的關係正是主體所不可或缺之物（essential to what it is）。在這點上，我很顯然仍是某種顛倒的黑格爾主義者。因此，我們便遇到了以下問題：我們該如何理解在關係之中構築出來的主體或作為關係的主體？這類主體存續的可能，便是其關係性的模態之運作與效果。

讓我們帶著這些想法，再次回到阿薩德提出的「道德回應」問題。如果正當或正當化的暴力是由國家所發動，而無法正當化的暴力則是由非國家的行動者或反對現存國家的行動者所行使，那麼，這便能解釋為何特定形式的暴力會使我們產生恐懼，但我們卻欣然接受其他形式的暴力，甚至有可能認為其具備正當性，並能引領我們走向勝利。情感回應似乎是首要的回應，無需任何解釋，先於理解與詮釋的工作。當然，我們在面對暴力並產生道德恐懼的當下，是反對詮釋的（against intrepretation）。但只要我們仍在這些時刻反對詮釋，我們便無法解釋為何我們會以差別的方式來經驗「恐懼」這種情感。因此，我們的回應不僅會奠基於這種非理性，還會將其視為我們那值得表揚的先天道德情感，甚至歸諸於我們「基本的人性」。

矛盾的是，我們的回應中這種無理的分裂，使得我們無法以同樣的恐懼回應對所有人口所犯下的暴行。這樣一來，當我們將道德恐懼視作我們的人性標章時，便無法注意到「人性」的問題：人性隱約將人分離，某些人的生死會讓我們感到迫切並產生無理的關懷，而其他人是生是死並不會觸動我們，或甚至根本不被視為生命。權力的調節創造出這種情感回應與道德回應的差別待遇，但我們要如何理解這種調節性的權力（regulatory power）呢？[12]也許，我們應該要記得，責任要求回應，而回應不僅是一種主觀的狀態，更是以我們所及的資源來回應眼前的世界。我們一直以來都是社會性的存有者，無論能否感受到恐懼，我們皆運作於精巧的社會詮釋之中。我們的情感從來就不只屬於我們：情感從一開始便從彼處交流而來（communicated from elsewhere）。

---

12 譯注：regulatory此處亦可作「控管」或「管理」。

情感使我們以特定方式感知這個世界，接納世界的特定面向，並抵制其他面向。但如果回應總是回應某種感知到的世界狀態，那麼，是什麼讓世界的某些面向得以感知，又讓其他面向無法感知？在這些已然運作的框架中，某些生命被視為值得保護而某些則否（正因為根據盛行的肯認規範，這些生命不太被視作「生命」），那麼，在此情況下，我們該如何重新應對情感回應與道德評價的問題？情感奠基於對感受的社會支持（social supports for feeling）：我們只有在能感知到逝去時，才會產生感受，而逝去則奠基於知覺的社會結構；除非我們早已鑲嵌進社會情感的迴路，否則我們便無從感受並主張情感是「我們的」情感。

舉例來說，我們可能會相信生命的聖潔（sanctity），或依循某種普遍的哲學來反對針對所有生靈的暴行，而我們也許會對這類信念投注濃厚的情感。但如果某些生命無法被知覺為生命，包含那些非人的生物，那麼，反暴力的道德禁令便只能是選擇性的運用，我們的感受能力（sentience）也就只能選擇性的運作。批判暴力必須著手於「生命再現自身的能力」（representability of life itself）：是什麼讓生命的危脆與庇護的需求得以顯現？又是什麼讓我們無法以同樣方式看見或理解某些生命？在最普遍的層面上，這問題與媒體有關，因為生命只有在能被感知為生命時才有價值，但只有在鑲嵌進特定評價結構（evaluative structures）時，生命才得以為人感知。

感知生命與遭逢（encountering）危脆生命並不全然相同。遭逢危脆生命並非赤裸裸的遭逢，不是將生命常見的所有詮釋都剝除、脫離所有權力關係，赤裸地對我們顯現。尋常的詮釋框架遭受毀滅之際，倫理態度並不會自發地出現，拋棄所有日常詮釋的枷鎖後，也不會出現純粹的道德良知。恰恰相反，唯有挑戰占支配地位的媒體，某些生命的危脆性才有可能變得可見或可知。形構出理解生命危脆性的必要先決條件，不僅是視覺上對生命的認識。只有在所有感官上都領會（take in）生命，才算是領會生命。隱藏起來的詮釋規畫透過所有感官來區分出值得保護與不值得保護的生命，讓我們得以聽到某些人的哭嚎卻無法聽到其他人的泣吼，能看見某些生命卻看不見某些生命，在觸覺或甚至嗅覺層面亦是如此。戰爭透過操控感官延續實踐，將感官形塑為對世界選擇性的認識，麻痺對特定影像與聲響所產生的情感，並使我們對其他影像或聲響所產生的情感更為活躍。這就是為何戰爭逐漸削弱感官民主（sensate democracy），限制我們能感受到的物事，讓我們在面對某種暴力的表現時產生驚訝與憤怒，而對其他種暴力的表現則有種正直的冷漠（righteous coldness）。要遭逢其他生命的危脆性，就必須要有感官的運作，也就是說，我們必須對那些竭力以差別方式調節情感的力量發起抗爭。重點並不在於頌揚情感的完全不受調節（full deregulation of affect），而在於透過提供理解戰爭的詮釋結構來質疑現有的回應條件、質疑並反對占支配地位的詮釋——這些詮釋不僅對情感產生作用，也會成形並成為與情感本身一樣有效的物事。

我們的存續並非仰賴邊界治理（policing），某種從主權與其領土的關係發展出的策略，而是肯認我們與他者緊密相連。如果我們接受此見解，那就得重新思考我們在政治領域是如何理解「身體」這個概念的。我們必須思考將身體構思為某種「具有邊界或受到約束的（bounded）實體」[13]這則定義是否適切。使身體各自獨立（discrete）的並非某種既定的形態學（morphology），彷彿我們能將特定身體形狀或形式指認為人類的典範。事實上，我不完全認為我們能指認出某種人類的形式，也不認為我們必須有如此作為。若要重思諸種仰賴身體規範的再生產的社會過程，如性別、失能（disability）[14]與種族化等，此觀點當能提供我們一些見解。正如對性別規範、健能主義（ableism）[15]，以及種族主義感知（racist perception）的批判所釐清的一樣，世上並不存在單一的人類形式。我們可以透過許多種方式來劃出人體的界線，如指認出人體的邊界、人體受何種形式約束等，但這無異於忽略這則關鍵事實：在身體的行動、接收性、言談、慾望以及移動（mobility）的層面來說，身體難免是無法劃定界線的（inevitably unbound）。在他者的世界之中、在不受其控制的時空之中，身體外於自身，且身體並不僅存在於這些關係的媒介（vector）之中，還是媒介本身。[16]在此意義下，身體並不屬於其自身。

在我看來，身體是我們遭逢諸多觀點的場所，但這種種觀點並不一定屬於我們自己。他人是如何與我遭逢並使我延續下去的，這從根本上便奠基於這副身軀所處的社會與政治網路。他人如何看待並對待我、其看待與對待是如何幫助這條生命或使其不可活等，也是一樣的道理。因此，我用以理解我自己或我的可存續性的性別規範，並不僅是我自己製造出來的。我試著判斷我

13 譯注：bounded有兩個意思，一是「有邊界的」（從邊界〔boundary〕而來），二是「受到約束的」（從界限、限制〔bound〕而來）。此處兩者皆適用。

14 譯注：disability通常譯為「殘障」，然而其字面上的意思為失去「能（力）」（ability／ableness）。換句話說，之所以有「失能」，是因為身體「能」做什麼、做到什麼程度算「能」等早已被規範出來，因此，無某些「能（力）」（例如行走、聽、說等）的人，便會被定義為失能者。

15 譯注：ableism通常譯為健全主義，此處譯作健能主義在於強調前註所提及的「能」，以及該字（ableism）中的「能」（able）。不採「全能」主要是為了與宗教領域中的萬能、全能（omnipotence）做出區別。

16 既存的形態學是透過特定的時空磋商（temporal and spatial negotiation）而成形的。與時間磋商意味著身體的形態學並不總是一樣的，身體會老化、改變形狀，也會習得或失去某些能力。與空間磋商則意味著所有身體都存在於某處，身體是定位的條件（condition of location），每具身體都需要仰賴環境來活下去。「身體存在於其環境之中」是則錯誤的說法，僅因為其論證不夠有力。如果沒有環境便沒有身體，那麼我們便無法在身體不存於某處或沒有「某處感」（thereness）時，思考身體的存有論。我在此提出的並非抽象的論點，而是思考身體存在所仰賴的諸種物質化模式，且透過這些不同的模式，身體的存在才有可能維持下去，或遭受破壞。

究竟是誰的時候，早已處在他者的掌控之中。在行使我的能動性時，我早就處在我從未選擇的世界之中。那麼，隨此論證而來的是，特定種類的身體會比別種身體顯得更為危脆。支持或同意「人命」是值得保護、庇護、活、哀悼等的概念，取決於該身體的形式為何，或大致屬於哪種形態學。這種種規範架構事先奠立了哪種生命才是值得活的生命、哪種生命值得保存，以及哪種生命將來值得接受哀悼。這類生命觀遍及當代戰爭，且悄悄地正當化當代的戰爭。生命被劃分為「代表某類國家的生命」以及「代表以國家為中心的自由民主國家（state-centered liberal democracy）的威脅」，這樣一來，便能有正當的理由以某些生命之名來發動戰爭，而在戰爭中摧毀其他生命時，也能以此替自己提供正當的辯護。這種分裂具備許多功能：建構出對依存的拒認（disavowal）並排除對普遍化的危脆條件之肯認，繼而否定其社會意涵與政治意涵，不認為相互依存是普遍化的條件之一。即便並非所有形式的危脆性都是透過社會與政治安排而生產出來，以平等主義的進路極小化危脆性的條件，仍是政治的任務之一。戰爭正是極小化某些人的危脆性並同時極大化其他人的危脆性。我們能否對此做出憤怒的回應，取決於我們是否領會到有價值的生命在戰爭中受到傷害或失去性命，且沒有任何效益主義的計算方式能讓我們度量這些生命的極貧（destitution）及逝去。但如果我們是社會性的存有者，而我們的存續有賴於對相互依存的肯認（這種肯認並不一定奠基於知覺到彼此的相似性），那麼，我就不是作為孤立且有邊界的存有者而存續，反倒該說我的邊界讓我暴露於他者，且這種暴露是時而自願時而非自願的（有時則兩種同時發生）。換言之，這種暴露正是社會性與存續的條件。

「我是誰」的邊界正是身體的邊界，但身體的邊界卻從來就不完全屬於我。大多時候，存續奠基於身體那建構出來的社會性（constitutive sociality of the body），而非既定的自我邊界（boundary to the self）。然而，一旦從表面與深處皆將身體構思為「社會性的」，身體便成為存續的條件，也是在特定社會條件之下危及我們的生命及可存續性的物事。不同形式的物理強迫正是加諸於身體的非自願強迫力（unwilled imposition of force）：受到制約、窒息（gagged）、遭強制暴露、儀式性的羞辱。那麼，我們也許需要探問，對於物理脆弱性被以此方式利用的生命而言，該如何解釋其可存續性？當然，身體從不完全屬於自己、並非有既定邊界且自我指涉，這則事實是熱切的遭逢（passionate encounter）、慾望、渴望、提問（address）以及提問的可能等諸項條件，活著的感受（feeling of aliveness）正是奠基於此。但所有的非自願接觸也源自此事實：身體在社會時空之中找到其存續的可能，而這種暴露或剝奪（dispossession）正是在非自願脅迫、約束、物理傷害、暴力等案例中，遭受利用之物。

在此，我想短暫探討近期出版的《來自關塔那摩灣的詩作》（*Poems from Guantánamo*），並藉此來思考戰爭境況下的可存續性。該詩集收錄了倖免於美國國防部審查的二十二首詩作。[17]事實上，大多數由關塔那摩灣俘虜所寫的詩作，不是被摧毀就是被沒收，且絕對不允許將其託付給出版這本小書的律師與人權工作者。夏柯・阿布杜拉荷姆・穆斯林・多斯特（Shaikh Abdurraheem Muslim Dost）[18]寫了超過兩萬五千詩行的詩作，都被軍方摧毀了。當五角大廈[19]提供其審查制度的理論基礎時，它主張詩作的「內容與格式」對國安「產生特殊的風險」。[20]我們不由得好奇其內容與格式究竟為何如此具有煽動性。真的是詩的句法或形式對國安造成威脅嗎？難道其詩作證實了刑求的存在？還是說，他們明目張膽地批判了美國，因為美國假惺惺地主張自己是「和平的守護者」，卻對穆斯林有著不理性的憎惡？可是，既然在社論和散文中都能提出這類批判，那詩作又為何特別危險？

在此與讀者分享薩米・哈集（Sami al-Haj）詩作〈在枷鎖中受辱〉（Humiliated in the Shackles）的兩句詩行。哈集在移監至關塔那摩灣之前，曾在阿富汗的巴格拉姆（Bagram）以及坎達哈（Kandahar）的美軍監獄中遭受刑求，近期才從關塔那摩灣中釋放出來。他如此寫道：

> 我在枷鎖中受辱。
> 我該如何作詩？

現在該如何寫作？
經歷枷鎖與暗夜與苦痛與淚水之後，
我該如何寫詩？[21]

哈集證實刑求確實存在，並探詢該如何在受辱之後，仍能將字詞形塑為詩作。然而，他用來質疑自己作詩能力的這幾句詩行，本身便是詩作。因此，詩行展現出了哈集無法理解的物事。他寫詩，但詩所做的正是公開探詢其自身的可能性。一副遭受刑求的身體是如何形構出這些語彙的？哈集同時也問道，遭受刑求的身體為何能產出詩作，而其中的語彙又是如何出現並存續的？他的字詞從刑求的情境，也就是受迫的情境，轉變為發言（speech）。遭受刑求的身體與在紙頁

17 馬可．法可夫（Marc Falkoff）編，《來自關塔那摩灣的詩作：俘虜發聲》（*Poems from Guantánamo: The Detainees Speak*, Iowa City: University of Iowa Press, 2007）。
18 譯注：阿富汗記者，二〇〇一年未經審判便被關入關塔那摩灣，二〇〇五年無罪獲釋。
19 譯注：指美國國防部。
20 馬可．法可夫，〈關塔那摩灣記要〉（Notes on Guantánamo），收於《來自關塔那摩灣的詩作》，第四頁。
21 同前注，頁41。

上形構出字詞的身體，是同一具身體嗎？

語彙的形構與存續、存續的能力、可存續性皆緊緊相連。我們要記得，關塔那摩灣囚犯起初遭受拘留時，他們會把詩刻在從監獄餐點中拿走的杯子之上。杯子是由苯乙烯樹脂泡沫所做，不但便宜且是廉價的標記（emblem）。杯子之所以柔軟，是為了不讓囚犯取得玻璃或陶瓷這類能更輕易用作武器的材質。有些人會用小石子或鵝卵石來將語彙銘刻於杯子上，並於牢房中流通這些詩作；而有時牙膏也被用作書寫工具。很顯然地，美軍後來為了彰顯其人道待遇，便開始發放紙張與合適的書寫工具，但以這些工具完成的作品幾乎都被摧毀殆盡。

某些著作蘊含了苦澀的政治評論。夏克·阿布獨拉罕姆·阿瑪（Shaker Abdurraheem Aamer）[22]詩作的開頭便是一例：

他們說這是為了和平。
心靈的和平？
地球的和平？
哪種和平？

他們談論和平、爭論和平、為和平而戰——
他們尋求的是哪門子和平？
他們為何殺戮？他們在想什麼？

只是紙上談兵嗎？他們為何爭吵？
殺戮是件再簡單不過的事嗎？這難道就是他們的計畫？

當然如此！
他們談論和平、爭論和平、他們殺戮——
他們為和平而戰。[23]

阿瑪以極具洞察力的反諷作結：「他們為和平而戰」。但使這首詩特別突出的，是阿瑪將許

---

22 譯注：沙烏地阿拉伯公民，於二〇〇一年被捕（亦無經審判），二〇一五年無罪獲釋。

23 同前注，頁20。

多問題帶入詩作的形式並藉此大聲質問，並以恐懼與反諷混合而成的本詩核心問題：「殺戮是件再簡單不過的事嗎？」這首詩在困惑、恐懼與反諷間游移不定，並以揭露美軍的虛偽作結。本詩聚焦於擄掠這名詩人的人的公共理性之中的分裂：他們以和平之名刑求，以和平之名殺戮。即便我們不知道禁詩的「內容與格式」到底是什麼，這首詩似乎圍繞著這則不斷重複的公開質疑，希望透過竭力表現的恐懼來揭發罪證。（確實，這幾首詩作所採行的文類，部分屬於古蘭經以及阿拉伯民族詩歌中的形式特色，也就是說，這些詩作是引用之作〔citations〕——因此，一位詩人發聲，便援引出一段發聲者的歷史。以隱喻的方式來說，他在該時刻也同時讓自己與過往的發聲者並肩而行。）

代表合法性民族國家的生命受傷或逝去時，形構軍事情感場域的非理性分裂無法解釋其所遭受的恐懼；而當那些並不被民族國家的標誌所組織起來的人，他們遭受羞辱與毀滅時，非理性分裂亦無法解釋其正當的歡愉感。關塔那摩灣的生命並不被算作受人權論述保障的「人命」。這些詩作本身便提供了一種不同的道德回應或詮釋，某種能在特定條件下質疑並炸毀宰制整個民族與軍事意識型態的分裂。這幾首詩建構並傳達了對某種軍事理論基礎的道德回應，而這種軍事理論基礎原先以不連貫與不公正的方式，將道德回應侷限於暴力。因此我們得以問道：這些詩作透過言詞（verbally）傳達出了什麼情感？又以情感（包含歸屬感與憤怒）的形式傳達出了哪些詮釋？哀悼、失去與孤立（isolation）等勢不可擋的力量，已然成為造成叛亂起義的詩作工具，甚至對個體的至高無上（individual sovereignty）發起了挑戰。烏斯塔・巴追贊滿・巴達（Ustad Badruzzaman Badr）[24]寫道：

我們的眼淚漩渦
快速向其移動
無人能承擔此洪流之力[25]

無人能永存不朽（endure），但這些語彙卻作為無法釐清的永遠流傳之象徵而到來了。在阿布杜拉・馬吉・諾艾米（Abdulla Majid al-Noaimi）[26]一首名為〈我寫下我隱蔽的盼望〉（I Write My Hidden Longing）的詩中，每句詩行都透過苦難與訴求的旋律而表現出其結構：

---

24 譯注：阿富汗人，二〇〇一年遭受監禁，二〇〇四年無罪獲釋。
25 同前注，頁28。
26 譯注：巴林人，二〇〇一年遭拘禁。

我的肋骨碎裂，無人可醫

我的肉身損毀，無慰可尋[27]

但也許最耐人尋味的，當屬諾艾米詩中的這幾句：

某人的盼望之淚衝擊著我

我的胸腔難以承受如此巨大的情感[28]

對說話者造成衝擊的，是某人的盼望。因此，眼淚似乎不屬於說話者，或至少不僅屬於他。也許，眼淚屬於營區中的每一個人，或屬於其他人，但眼淚撞擊著說話者；他在其體內發現了他者的感受，亦即在最澈底的孤立之中，他仍感受到他者的感受。我不知道阿拉伯原文的句法為何，但在英文中，「我的胸腔難以承受如此巨大的情感」（My chest cannot take the vastness of emotion）意味著情感並不只屬於他自己，而是出自某種極為宏大的巨量（a magnitude so great），因而無法從一人之中誕生出來。「某人的盼望之淚」——他之中的一切皆受淚水剝奪，但這一切也不僅屬於他。

那麼，這些詩作告訴我們什麼與脆弱性和可存續性相關的物事呢？它們旨在探詢，在弔唁、羞辱、盼望與憤怒的界線上，有哪些類型的發聲是可能的。銘刻於杯中、書寫於紙頁、記錄於表層（surface）的字詞，竭力留下某位生者的記號與痕跡——由身體形構而成的符號、攜帶身體之生命的符號。而即便發生於身體之事無以存續，語彙仍能存續下來，繼續發言。這也就是作為證據與訴求的詩作，其中的每一個字語最終都賦與另一個字語意義。杯子於牢房間傳遞，詩作私運出營區之外。詩作即訴求。詩作希望能重建與世界的聯繫，即便我們沒有具體的原因能認為這種聯繫是可能的。

在詩集的結尾處，艾瑞歐．朵夫曼將關塔那摩灣詩人與皮諾契特（Pinochet）政權下的智利作家並置討論。[29]除了格外留神於詩作傳達營區生活條件的方式，朵夫曼也邀請我們注意到詩作的其他面向：

> 我感受到的，是這些來自關塔那摩灣的詩作，其最終的泉源是單純、接近原始、運算般

27　同前注，頁59。

28　同前注，頁59。

29　譯注：皮諾契特將軍於美國中情局支持下發動政變，一九七三至一九九〇年間，其政權下的智利處於軍事獨裁狀態。

> 的吐納。生命的初始、語言的初始與詩作的初始都體現於詩作之中，體現於第一口呼吸之中，每一次呼吸都宛如我們的第一口呼吸，其中蘊含靈魂、精神、我們熱衷與亡故之物、將我們與滅絕區隔開來的物事，以及分分秒秒、讓我們在吐納宇宙之際仍得以活著之物。寫下的字詞即讓該呼吸永久並安全的嘗試，將其嵌入石中或在紙上標記或在螢幕留下記號，故其抑揚頓挫能在我們不在之日繼續留存，比我們的呼吸更為持久、打破孤獨的鏈鎖、超越我們轉瞬即逝的身軀，並以其泉水觸動某人。[30]

身體呼吸，將自身吐納進語彙，並於其中找尋某種轉瞬即逝的存續。但一旦呼吸變為語彙，身體便以訴求的形式託付他人。在刑求之中，身體那極易臣服於他人的脆弱遭到剝削利用（exploited），「相互依存」這則事實也遭到濫用。身體存在於其暴露以及與他者、外在力量、能夠使其屈服並臣服的趨近性之中，因而易受傷害；傷害是該脆弱性的剝削利用。但這並不代表脆弱性能化約為可受傷性。在這幾首詩中，身體亦持續活著、呼吸、嘗試將其呼吸刻入石中；其呼吸是危脆的，可能隨時受他人的刑求之力而中斷。但如果這種危脆的狀態能變成受苦的條件，它就能變成回應的條件及情感構想（formulation）的條件，我們也能將其理解為在面對非自願的臣服時，某種澈底的詮釋行動。這幾首詩作瓦解了透過正當的和平訴求而合理化戰爭的主導意識型態（dominant ideologies），同時也挫敗並暴露了那些以自由之名刑求、以和平之名殺戮的語彙。在這些詩作中，我們聽見「孤獨那危脆的抑揚頓挫」（the precarious cadence of solitude）。這揭露了兩則分離的、關於身體的真理：作為身體，我們暴露於他者之中，而這也許是我們慾望的條件，但也同樣讓臣屬與殘忍成為可能。由此可見，身體透過物質需求、觸碰、語言以及一系列若沒有便無以存續的關係而與他者產生緊密的關聯。讓自己的存續以此方式與他者緊密相連，便意味著社會性那恆常的風險，既是承諾，也是威脅。「與他者緊密相連」這則事實奠定了臣屬於人和遭人剝削利用的可能——雖然這絲毫無法決定這種關係會採行什麼政治形式。然而，這也同樣替免於受苦、對正義甚至對愛的「知」打下了基礎。

30 《來自關塔那摩灣的詩作》，頁71。原文如下：Porque el origen de la vida y el origen del lenguaje y el origen de la poesía se encuentran justamente en la aritmética primigenia de la respiración; lo que aspiramos, exhalamos, inhalamos, minuto tras minuto, lo que nos mantiene vivos en un universo hostil desde el instante del nacimiento hasta el segundo anterior a nuestra extinción. Y la palabra escrita no es otra cosa que el intento de volver permanente y seguro ese aliento, marcarlo en una roca o estamparlo en un pedazo de papel o trazar su significado en una pantalla, de manera que la cadencia pueda perpetuarse más allá de nosotros, sobrevivir a lo que respiramos, romper las cadenas precarias de la soledad, trascender nuestro cuerpo transitorio y tocar a alguien con el agua de su búsqueda. 請見西班牙文版的《來自關塔那摩灣的詩作：俘虜發聲》（*Poemas desde Guantánamo: Los detenidos hablan*, Madrid: Atalaya, 2008）。

關塔那摩灣的詩作充滿了盼望；讓受監禁的身體發聲的同時，詩作亦提出其訴求。即便詩作的呼吸遭受阻礙，但它仍繼續呼吸。這幾首詩所交流（communicate）的，是別種意義的團結。以此方式相互連結的生命能延續彼此的語彙、承擔彼此的淚水、孕生出某種網絡，並由此對國安或甚至對由美國領頭的全球主權形式產生煽動性的威脅。詩作抵抗主權並不代表詩作能改變戰爭的進程，也不代表其最終能比國家的軍事權力還來得更強大。但這些詩作顯然帶來了某些政治後果——它們源於極端的臣屬場景，見證了生命之頑強、脆弱、滅頂，也見證了（無論發生在誰身上的）一無所有、憤怒及洞察力。作為觸及彼此的情感網絡（network of transitive affects），這些詩作的書寫與散播是關鍵的抵抗行動、反叛式的詮釋、煽動性的行徑，並透過某種方式不可思議地從其所反對的暴力之中活了下來，即便我們尚不知道這類生命會以何種方式繼續存續下去。

刑求與攝影的倫理：與桑塔格一起思考

照片道出生命步向毀滅時的無辜與脆弱，而攝影與死亡之間的連結縈繞著所有人的照片（photographs of people）。

——蘇珊．桑塔格（Susan Sontag），《論攝影》（*On Photography*）[1]

我在《危脆生命》中探討了倫理回應的意義為何，也探詢並處理了他者的苦痛，而在更普遍的層面上，亦探究哪些框架容許人的可再現性、哪些則否。這類探究的重要性不僅在於讓我們知道該如何有效地回應遠方的苦痛，也構思了一系列讓脆弱與危脆生命得到保護的戒律。在此脈絡下，我探尋的並非這類回應的純粹主觀源頭。[2]毋寧說，我希望大家思索的是，苦痛如何向我們呈現，以及該呈現如何影響我們的回應。我尤其想理解框架是如何分派特定人類形象的可肯認性，因為這些形象其實與更廣大的規範相連，而這些規範則決定哪些生命是可弔唁的。我的觀點並不新穎，但仍值得重述：我們回應他者的苦痛、構思道德批判，以及表達政治分析的方式，是否奠基於某個早已設立的特定知覺現實場域（field of perceptible reality）？在此知覺現實場域之中，「可受肯認的人」這個概念反覆透過無法被命名或無法被視作人類的生命，而被形塑出來並維持下去。不被視作人的非人形象，則以否定的方式決定並潛在地擾亂了「可受肯認的人」。

在書寫《危脆生命》時，阿布格萊布監獄的刑求尚未揭露出來。彼時，我手邊只有在關塔那摩灣被銬上枷鎖的蜷縮身體的照片，既不知道刑求的細節，也不知道其他相關報導的再現議題，如將戰死伊拉克的屍體呈現出來與「嵌入式新聞報導」（embedded reporting）的爭辯。布希政權執政時期，我們見證了國家如何傾力規範視覺場域。二〇〇三年三月美軍入侵伊拉克時，嵌入式新聞報導的現象成為第一線的議題（came to the fore），彼時的記者似乎一致同意僅從軍事權威與政府權威所奠立的角度來報導。「嵌入式」新聞記者只在特定的運輸地點旅行，只看特定的場景，因此，他們也只轉述特定行動的影像與敘事。嵌入式新聞報導意味著，在這類條件下工作的報導者，皆同意不要讓視角本身變成報導與討論的議題；因此，這些報導者的視野被侷限於已奠立的界線之中，並注視經過設計的行動，唯有如此，他們才有機會接觸戰爭。

當然，不是所有的嵌入式新聞報導都如此赤裸。其中一個很清楚的例子，便是媒體一致同意不將戰亡者的照片展示出來——無論是我們這方還是他們那方的死者。之所以不這麼做，是擔心這樣會掏空戰爭的心血並危及整個民族。記者與報章雜誌被強烈要求，不得將國旗裹屍的

1 蘇珊・桑塔格，《論攝影》（New York: Farrar, Straus and Giroux, 1977），頁64。

2 朱迪斯・巴特勒，《說明自身》（*Giving an Account of Oneself*, New York: Fordham University Press, 2005）。

美國戰亡者的棺材展示出來，擔心這類影像被看到會引發特定的負面情感。[3]對可見事物的批准（mandating），即是某種對內容規範的考量，與控制觀點並肩而行，共同決定了戰爭行動與其帶來的毀滅究竟能否為人所見。內容與觀點皆受國家當權者的規範，他們顯然希望藉此規範參戰的視覺模態。「看見」被默認為會動搖主體自身的特定立場（position）以及看待事件的態度（disposition）。嵌入式新聞報導再次隱約出現的地方，則是阿布格萊布監獄的照片。相機的角度、構圖（frame）、擺出姿勢的主體，皆表現出拍攝者積極涉入「戰爭的觀點」（perspective of the war）；他們闡明該觀點，同時製作、推崇並證實特定的觀點。

桑塔格在其最後一本著作《旁觀他人之痛苦》（*Regarding the Pain of Others*）中表示，這種嵌入式新聞報導約莫始於二十年前、亦即一九八二年報導英國在英屬福克蘭群島（Falklands）的造勢活動。彼時，除了兩名攝影記者以外，沒有任何電視廣播獲准進入該區。[4]從那時起，記者便逐漸服從於嵌入式新聞報導的要求，藉此確保自己仍有報導事件的管道。但透過這種方式所確保的管道，看到的事件是什麼？以近幾年以及當前的戰爭來說，美國國防部允許媒體擁有的視覺觀點，非常積極地形構了我們認識戰爭的方式。即便限制我們所見或如何能見的事物並不完全等同於規定出一條必須遵循的故事線，這仍先行詮釋了將會（以及不會）被納入知覺場域的物事。戰爭的行動本身、其實踐與效果，都被用來奠立國防部精心策畫並允許讓大眾接收到的觀點，並藉此表明了國家策畫用以批准「何謂現實」的權力：權力能決定什麼東西到什麼程度上被感知為存在。

觀點的規範因此暗示了框架能執行特定類型的詮釋。在我看來，我們沒有道理接受桑塔格在著作中不停重申的這則主張：攝影本身無法提供詮釋，我們需要字幕與書寫的分析來補足單

3　比爾・卡特（Bill Carter），〈國防部的死亡軍隊照禁止令已被廢除〉（"Pentagon Ban on Pictures Of Dead Troops Is Broken"），《紐約時報》（*New York Times*），二〇〇四年四月二十三日；海倫・托馬斯（Helen Thomas），〈國防部藉由限制棺材照來控制戰爭報導〉（"Pentagon Manages War Coverage By Limiting Coffin Pictures"），《波士頓頻道》（*The Boston Channel*），二〇〇三年十月二十九日；派翠克・巴瑞特（Patrick Barrett），〈美國電視遮蔽了一連串的戰亡者〉（"US TV Blackout Hits Litany of War Dead"），《衛報》（*Guardian*），二〇〇四年四月三十日，http://www.guardian.co.uk/media/2004/apr/30/Iraqandthemedia.usnews；美國國家安全檔案館（National Security Archive），〈殞落者的復返〉（"Return of The Fallen"），二〇〇五年四月二十八日，http:// www.gwu.edu/~nsarchiv/NSAEBB/NSAEBB152/index.htm；大納・米班克（Dana Milbank），〈控管回國棺材的報導〉（"Curtains Ordered for Media Coverage of Returning Coffins"），《華盛頓郵報》，二〇〇三年十月二十一日；雪瑞・蓋伊・斯托堡（Sheryl Gay Stolberg），〈參議院禁止戰爭的死傷照片〉（"Senate Backs Ban on Photos Of G.I. Coffins"），《紐約時報》，二〇〇四年六月二十二日，http://query.nytimes.com/gst/fullpage.html?res=990DE2DB1339F931A15755C0A9629C8B63

4　蘇珊・桑塔格，《旁觀他人之痛苦》（New York: Farrar, Straus and Giroux, 2003），頁65。〔譯注：中譯本請見蘇珊・桑塔格，陳耀成譯，《旁觀他人之痛苦》（麥田，二〇一〇），頁78。〕

獨且僅限於當時環境的影像（discrete and punctual image）。在她看來，影像只能感動我們，但無法讓我們理解我們究竟看到了什麼。但即便桑塔格主張我們需要字幕與分析這件事顯然無誤，她認為照片本身不是詮釋這件事，則領我們走入了一條死胡同。她寫道，雖然散文跟繪畫都能供人詮釋，攝影卻只是「選擇性的」，亦即它只能給我們現實部分的「印記」：「縱使繪畫的相似程度達到攝影的標準，仍不過是陳述某則詮釋，但照片卻是散發（光波透過物件反射出來），亦即攝影對象的物質殘餘（material vestige），而攝影做到這點的方式，是繪畫無論如何都無法辦到的。」[5]

桑塔格主張，照片能片刻地動搖我們，但卻無法容許我們建立詮釋。如果照片能有效地傳達訊息或在政治層面動搖我們，在桑塔格看來，這也只是因為影像是在某種相關的政治意識的脈絡中為人所接收。對桑塔格而言，照片將真相消解成某個分散的環節，亦即班雅明意義上的「轉瞬即逝」，因此只能提供現實那片斷、分散的印記。因此，照片一直以來都是原子式的，單獨且受限於當時環境。照片缺少的是敘事的連貫性（narrative coherence），而在她看來，只有這種連貫性才能滿足知性的需求（這奇怪地扭轉了某種從根本上來說是康德式的立場）[6]。即便如此，儘管敘事的連貫性可能是特定幾種詮釋的標準，這說法卻不適用於所有的詮釋。如果「視覺詮釋」這個概念不是矛盾語的話，那麼，肯定照片在框定現實的同時便已決定什麼會在框架內出現，似乎就成了非常重要的事——這種劃定界線的行動本身，就是詮釋性質的，正如同角度、聚焦、光線等帶來的不同效果，都有可能會影響詮釋。

在我看來，我們不該僅將詮釋限制並構想為主觀的行動。毋寧說，是決定情感可否交流（communicability）的類型（genre）與形式之結構限制，使詮釋得以發生。因此，詮釋有時並不順著我們的意願而發生，或甚至其發生與否並非在我們的掌控之中。因此，不僅是拍攝者和／或觀者積極、刻意地詮釋，而是攝影本身已成為某種將詮釋結構化的場景，而這場景也許會反過來讓照片的製造者與觀者感到不安。澈底將公式反轉，並說照片詮釋我們，這是不太對的（雖然某些照片、尤其是戰爭照片，能做到這點），因為即便將既定的位置反轉過來，這公式仍讓主體形上學完整無缺（intact）。然而，照片的確會對我們產生影響。在《論攝影》與《旁觀他人之痛苦》兩本書中，桑塔格特別關注的問題是：照片是否仍有、或曾有力量以特定方式與觀者交流（communicate）他者的苦痛，並促使觀者改變其對戰爭的政治衡量。照片若要以這種方式有效地交流，就必須能夠觸及對象（transitive）：照片必須以特定方式對觀者採取行動，對他們如

5　蘇珊．桑塔格，《論攝影》，頁6、154。

6　在此，我們可以看出作家桑塔格與晚年身邊其他的攝影師劃出區隔。

何構想世界所仰賴的諸多判斷形式直接產生影響。桑塔格承認，照片的確能觸及對象。照片不僅是描繪或再現——照片傳遞情感。然而，事實上，在戰爭時代中，照片這種觸及對象的情感性（transitive affectivity）也許會吞噬觀者並使其麻木。不過，桑塔格似乎不太認為照片能驅使觀者改變觀點或採取新的行動方針。

桑塔格在一九七〇年代晚期主張，攝影影像已然失去激怒並煽動觀者的力量了。她在《論攝影》中說道，苦痛的視覺再現已變得陳腔濫調，因此，整天被聳動的（sensationalist）攝影轟炸的觀者，早已失去倫理回應的能力。桑塔格二十六年後在《旁觀他人之痛苦》重思這則命題時，她承認，有的照片透過視覺框架來建立起某種趨近性，使我們警惕戰爭的代價、饑荒、察覺到在地理位置或文化上都相當遙遠的地方發生的毀滅，而這類照片的確能夠且必須再現人的苦痛。不過，此類照片究竟具有哪種地位（status）？桑塔格舉棋不定。照片若要引發道德回應，就必須維持使人驚訝的能力，但同時還得對我們的感官訴諸道德義務。即便桑塔格從來不認為「驚訝」能帶來什麼特別的啟發，她仍哀嘆攝影已失去使人驚訝的能力了。在她看來，驚訝本身已成為某種陳腔濫調，當代攝影為了滿足消費者需求而傾向將苦痛給美學化，而影像的美學化與倫理回應和政治詮釋皆是相互抵觸的。

在桑塔格最後的一本著作中，她仍責備攝影、認為其不如書寫：攝影缺乏敘事的連續性，且仍與其轉瞬即逝的性質有著致命的連結。她說，照片無法對我們產生倫理的渲染力（**ethical pathos**）；或者，如果照片辦得到這點的話，那也只是轉瞬即逝罷了——我們看到某些災難性的物事，但注意力在下一刻便轉向別處。相反地，敘事形式所傳達的渲染力「並不會耗盡」。「敘事能助人理解：但照片做的是別件事。它縈繞著我們。」[7]桑塔格所言是否合理？敘事不會縈繞我們，照片無法讓我們理解，這是正確的說法嗎？照片若要傳遞情感，那似乎就會引起某種回應，而這種回應則對桑塔格唯一信任的理解模態產生威脅。即便是汽油彈在哭喊奔跑的孩童身上灼燒的越戰照片（桑塔格也承認此影像的確有其力道），她仍認為，「敘事似乎仍比影像還要來得更有效」、更能驅使我們反戰。[8]

有趣的是，雖然敘事能驅使我們反戰，我們卻需要照片以作為戰爭罪行的證據。事實上，桑塔格也主張，當代「災難」的概念需要以照片為證：沒有照片為證，就沒有災難發生。但如果真是如此，那麼，照片便是「災難」這個概念的組成部分之一，而作為證據的照片則奠立了災難的主張之真（**truth of the claim of atrocity**），因為照片證據僅剩下展現災難事實的義務——也就是

---

7 同注4，頁83。〔中譯本頁103。譯文稍作改動。〕

8 同注4，頁122。〔中譯本頁138。譯文稍作改動。〕

說，在這個例子中，攝影成了真理的組成部分之一，或者說，沒有攝影就沒有真理。桑塔格稍後又再一次主張，判斷災難發生與否是某種言詞或敘事的詮釋，並訴諸照片來證實其主張。但這則回覆至少引發了兩個面向的問題：首先，照片建構出證據，並依此建構出其主張；其次，桑塔格的立場誤解了非言詞或非語言的媒介是如何建立其「論證」的。即便是最為透明的紀錄影像亦有其框架，且是為了特定目的而框出影像，並在框架內帶出其目的、透過框架執行其目的。如果我們將這類目的視作詮釋性的，那麼，照片似乎仍是在詮釋記錄下來的現實，而即便照片是作為書寫詮釋或言語詮釋所呈現出來的「證據」，這雙重功用（dual function）仍保留其中。畢竟，照片不僅單純指涉災難行徑，還同時替那些將這類行徑命名為災難的人構築並確認（confirms）這些行徑。

對桑塔格來說，受到影響以及思考與理解的能力之間，有一道持久的裂隙（split），而這道裂隙呈現於攝影和散文的差異化效果（differing effects）之中。她寫道，「一幀圖片比吶喊口號更易凝結群眾的情緒」，而在不影響到我們理解事件的能力或採取行動回應事件的情況下，圖片毋庸置疑能凝結情緒。[9]但在桑塔格看來，情緒的凝結會預先阻止（forestalls）思考。除此之外，情緒並不是凝結於被拍攝下來的事件之中，而是在該攝影影像本身。事實上，桑塔格的考量是，照片取代了事件，甚至比理解或敘事還能更有效地構築出回憶。[10]重點並不在於「失去現實」（即便是以較為晦澀的方式，照片仍將現實記錄下來），而在於固定下來的情感勝過更為清楚的認知能力（cognitive capacities）。

不過，我們在此的目標僅需考量「嵌入式新聞報導」所產生出來的命令式視覺影像，這類影像遵從國家和國防部的要求，並依此建構出特定的詮釋。我們甚至可以說，桑塔格所說的「政治意識」驅使攝影師讓照片符合照片自身提出的要求，而這種種要求甚至就嵌於框架之中。我們不需要字幕或敘事就能理解照片明確闡述的是哪種政治背景，以及該政治背景是如何透過框架而再次更新。框架不只是作為影像的邊界而發揮作用，更賦與影像本身結構（structuring the image itself）。如果影像也反過來組織（structures）我們認識現實的方式，那影像就無法與我們運作於其中的詮釋場景分割開來。戰爭攝影的問題因此不僅關乎照片展現出來的東西，更涉及照片如何展現它所展現的東西。這個「如何」不僅組織了（organizes）影像，也組織了我們的知覺與思考。如果國家權力試圖規範特定的觀點並讓報導者與攝影記者肯定該觀點，那麼，「框架中的觀點」以及「作為框架的觀點」這兩種行動，便是國家替其所發動的戰爭採取的某種詮釋。照片

9　同注4，頁85。〔中譯本頁98。〕

10　同注4，頁89。〔中譯本頁102-3。〕

不僅是有待詮釋的視覺影像；照片本身就相當積極地進行詮釋，有時這種詮釋甚至由不得我們（forcibly so）。

照片作為某種視覺詮釋，必須在特定的邊界和框架中組織起來——當然，除非強制性的框限也成為故事的一部分；除非我們有辦法拍攝出框架本身。照片若將自己的框架供人詮釋，便能藉此讓我們以批判的眼光審視詮釋現實時的限制。照片暴露出限制的機制（mechanism of restriction）並將其作為主題，因而構築出了一種不服從的觀看行動（disobedient act of seeing）。重點不在於加入某種超反思活動，而是該思索框架中「嵌入」了哪些社會與國家權力的形式（這也包含了國家與軍事規範體制）。這種強制性與編導性的「框限」運作幾乎不會成為可見物，更不用提這種運作本身能否為人談論。但當此運作變得可見、可言說時，我們就會被引著去詮釋一直以來加諸於我們的詮釋，將我們的分析發展為對規範權力及審查權力的社會批判。

桑塔格說照片不再有力量刺激我們、使我們憤怒，並改變我們的政治觀與舉止。如果她說的沒錯，那麼，唐諾·朗思非德對阿布格萊布監獄中的刑求場景的照片的回應，便沒有道理可循。舉例來說，朗思非德主張，公開刑求、羞辱與強暴的照片會讓那些人「將我們定義為美國人」。在這點上，他賦與攝影建構出民族身分的強大力量。[11]照片不僅會展現出災難性的物事，更會讓我們犯下災難的能力變成定義美國身分的概念。

近幾年的戰爭攝影明顯與三、四十年前的戰爭攝影報導慣例有所區別。彼時，攝影師會嘗試以各種角度與形式來介入行動並藉此揭露戰爭，而他們揭露戰爭的方式並不由政府所規劃。然而，當代國家在知覺領域、以及更普遍的可再現領域（field of representability）中下了一番苦心，藉此控制情感，期望情感不僅受詮釋所組織，更能組織詮釋。重要的是規範那些也許會激起政治反戰的影像。我在此談論的是「可再現」而非「再現」，因為這個領域是由國家的許可所組織而成（毋寧說，國家嘗試建立對可再現之物的控制，儘管通常無法成功達到全面控制）。因此，我們無法單純藉由檢視可再現領域中明確的內容來理解這個領域，因為這個領域從根本上便是由被遺留在外的東西所構築，其維持也是透過框架之外的東西，但再現出來的物事卻只在框架內顯現。我們因而能將框架視為主動的，同時具有拋棄（jetisoning）與呈現（presenting）的功能，並在沈默之中同時執行兩項功能，而其運作是不可見的。在這種種條件之下浮現的，是主張自己與現實之間有種無中介（且無可爭辯）的視覺關係之觀者。

國家權力在框架的運作之中執行其強迫式的精心策畫，框架的運作因而通常不會被再現——而當其真的再現出來時，便成為可能煽動造反（insurrectionary）的風險，因而遭受國家的懲處與

11 唐諾·朗思非德，CNN，二〇〇四年，五月八日。

控制。先於這些於框架之內再現的事件與行動，還有某種主動（即便沒被標記出來）的場域劃定（delimitation of the field）本身，劃定了一系列從不展現出來的內容與觀點，因為其展現並無得到許可。這種種建構出了缺乏主題（non-thematized）的背景，因此什麼得以再現也是缺席的組織要素之一。處理這些難題的唯一進路是將劃界功能（delimiting function）本身變為主題，藉此揭露出國家與戰爭視覺新聞傳遞者向悲觀妥協、共謀而成的強迫性策畫。這類劃界行為本身便是權力運作的環節之一，但它並不會以壓迫的型態顯現。將國家想像為某種精心策畫，因而透過某種擬人形象再現其權力，這是會誤導人的。因為，國家持續運作的關鍵在於，這種權力不該為人所見，也不該被組織（或理解）為某個主體的行動。毋寧說，正是非理解且在某種程度上而言非意向性（non-intentional）的權力運作劃定了可再現領域本身。然而，這種權力形式無法理解為意向主體，並不代表無法將其標示（marked）或展現出來。恰恰相反，當其為人所見時，展現出來的是展演性質的機具（staging apparatus）本身、排除特定區域的地圖、軍隊的官方指令、相機的拍攝位置與角度（positioning），以及隨破壞報導協議而來的懲罰。

但真的看到框架的框限作用時，會發生什麼事？我認為，此處的問題並非內在於媒體生活，反倒涉及某些更廣大的規範（通常都是種族化的文明規範），對姑且稱為「現實」的這個東西所具有的結構性效果。

阿布格萊布監獄的照片尚未外流之際，我曾試著將三個不同的詞彙連結起來，希望能理解戰爭的視覺面向並將其與「哪些人的生命是可弔唁的」這個問題連結起來。首先，種種或隱或顯的「規範」治理著將某些人命算做人命的區隔。某種程度上來說，這些規範是由「生命在何時何處是可弔唁的？」這個問題來確定，因而也由「生命的逝去在何時何處是不可弔唁且無法再現的」這個問題來確定。這般粗陋的推演，原意並非排除掉那些同時可弔唁與不可弔唁的生命──這些人的生命雖被標記為「已逝」，但又不完全被肯認為逝去，就如同某些與戰爭共存的生命，對他們而言，戰爭已成為無法觸及卻又毫不間斷的日常背景。

這些廣大的社會規範與政治規範以許多不同的方式運作，其中一種運作方式牽涉到治理可知覺物的框架，這類框架負責行使劃界功能，讓特定影像為人所見，而這前提便是將某些視覺場域的部分排除在外。被呈現出來的影像，因而指涉的是其在可再現領域中的相容性（admissibility），因此同時也指涉了框架的劃界功能──即便（或正是因為）影像不代表現實。換句話說，影像應該要傳遞出現實，但實際上卻使現實脫離了知覺。

關塔那摩灣、警察對在美國的阿拉伯人（阿拉伯裔美國人以及有美國護照或綠卡的美國人）進行的侵擾，以及對公民自由的懸置等議題的公共論述中，特定的規範都一直在運作，用以建立人類（並因此有權享受人權）以及非人類的界線。隱含在這種「人類化」（humanization）論述中的，便是可弔唁性的問題：誰的生命不復存在時，會值得公眾弔唁？而誰的生命要不是沒有任何一絲公眾弔唁的跡象可尋，要不就是只留下部分、碎裂且謎一般的痕跡？如前所述，如果規範是透過視覺與敘事框架而制定，且框架預設了由決策或實踐產生的、某些殘留於框架之外的實質損失（substantial losses），那麼，我們就必須理解到，完全吸納或完全排除並非我們僅有的選項。確實，有的死亡會被部分遮掩、部分標記，而這種不穩定也許是觸發框架並讓框架本身變得不穩定的東西。因此，重點並不在於定位出框架的「內外」分別有哪些東西，而是在框架內外兩處擺盪的物事，以及哪些東西因事先被排除而被密封於框架之內。

規範與框架構築成為我分析中的兩個主軸，而分析的第三個要素則是苦痛（suffering）。如果僅將苦痛視作人類獨有、以人為典範（paradigmatically）的苦痛，那是大錯特錯。人類正是作為人類動物而受苦。而在戰爭的脈絡中，我們能夠、當然也應該指出動物的消亡；無論是動物的棲地、維繫生靈的種種條件、戰火對自然環境與生態系統的毒害，以及原先能使生物存續但受毒害影響的生命條件等，都隨戰火消逝。然而，重點並不在於條列出哪些類型的生命遭受戰爭摧殘，而是重新構思生命本身，將其視作一系列非自願的相互依存（unwilled interdependencies）或甚至是系統性的關係。這麼做便暗指出以下事實：人類的「存有論」無法與動物的「存有論」分離開來。這不單純是兩個範疇交互重疊的問題。問題在於，生命的共同構築（co-constitution）要求我們重新構思生命本身的存有論。[12]

我們要怎麼在反對人類的苦痛的同時，不延續某種形式的人類中心主義？一直以來被拿來作毀滅用途的，不正是人類中心主義嗎？我在此難道仍須講明我認為人類是由什麼所組成的嗎？我提議將「人類」運作的形式視作某種「差別的規範」（differential norm）：讓我們在此將人類視作某種能夠分派、撤回、誇大、擬人、降級、否認、提升與肯定的價值與形態學吧。這種規範持續生產出幾乎不可能的悖論：非人的人類，或不認為人類是我們所知的人類，以及將人類抹除的人類（the human who effaces the human）。有人之處必有非人，當我們作為人類主張某些存有者一直以來都沒被視作人類時，我們便承認「人類的特質」（humanness）這類主張是某種擺盪不定的特權。有些人類將他們「人類的特質」視為理所當然，而其他人則努力想接近這種特質。「人類」一詞不斷地雙重化（doubled），揭示出人類規範的理想性與強迫特質（coercive character）——某些人類有資格被視作人類，某些人類則否。當我以第二種意義（「某些人類則否」）使用「人類」一詞的時候，我只不過主張某些無法體現出人類規範的人類所具有的論述性生命（discursive life）。唐娜．哈洛威提問我們是否成為人類時，她也同時預設了一個外在於人類規範

12　請參照哈洛威，《同伴動物宣言》（*The Companion Species Manifesto*）。

的「我們」，並質疑人類是否是某種永遠無法完成的東西。[13]我認為，人類規範並不是某種我們必須努力身體力行的規範，而是某種我們必須學著讀出來的權力差別（a differential of power），並在文化與政治層面對其進行評估的同時，反對其差別運作。然而，我們依然需要此詞彙，以便在某些其無法被主張的地方進行主張，並據此同時反對其運作所仰賴的權利差別，藉此與中立化（neutralization）或抹除的力量相互抗衡，因為正是這幾股力量讓我們無法知道並回應苦痛——而苦痛有時是以我們的名義所產生。

如果哲學家伊曼紐爾．列維納斯所言不假，要求我們做出倫理回應的，正是他者的臉；那麼，分派誰是人、誰不是人的種種規範，似乎便是以視覺形式發揮其作用。[14]這些規範分別有**賦與臉**（give face）以及**抹除臉**（efface）的功能。循此思路，我們能否以憤怒、反對與批判來做出回應，便部分取決於人類的差別規範是如何透過視覺框架與論述框架而變得得以交流（communicated）。某些框定的方式會使人的脆弱與危脆變得可見，讓我們得以捍衛人命的價值與尊嚴，並在生命因不被當作生命看待而遭到降格或摘除（eviscerated）時，以憤怒回應之。除此之外，有的框架預先排除了回應的能力，而這種「預先排除」正是由框架本身有效並反覆執行——框架本身否定性的行動（negative action），使得某些生命永遠無法得到明確的再現（explicitly represented）。為了讓另類框架得以存在並容納另一種內容，也許我們必須讓苦痛得以交流，並改變我們對當前戰爭的政治評估。為了讓照片能以這種方式與我們交流，照片必須要有某種觸及觀者的功能（transitive function），提高我們感受倫理回應之重要性的能力。

決定哪些生命會被視作人類的種種規範，是如何進入框架並透過框架讓論述與視覺再現得以持續？而這種種規範又是如何反過來劃定或安排我們對苦痛的倫理回應？我並不是指這些規範決定了我們的回應，彷彿我們的回應被化約為某種如巨獸般強大的視覺文化所產生的行為主義效果（behaviorist effects）。我僅是認為，正因為情感、憤怒與倫理回應的有效規範極為迫切，我們才

13　哈洛威於二〇〇三年九月十六日在加州大學柏克萊分校的雅維納利講座（Avenali Lecture）上提出此問題。

14　譯注：巴特勒在《危脆生命》第五章中詳述了列維納斯對「臉」（face; visage）的觀點。對列維納斯來說，他者的「臉」迫使我們中斷某種我們的自我耽溺。列維納斯說道：「最為基本的責任模式，就是接近他者的臉。〔……〕那張臉不是在我面前（en face de moi），而是在我之上；這張臉是身處死亡之前的他者，看穿並且揭露了死亡。第二，這張臉是他者對我的請求，要我別讓他孤單死去，彷彿如果我就讓他這樣死去，我也會成為共犯。因此，他者的臉對我說道：不准殺人。〔……〕『對他者的愛』這個倫理關係就源於這個事實：自我沒辦法單獨存活在這個世界，沒辦法只在自己的在世存有之中，找到任何意義。」巴特勒循著列維納斯的觀點指出，「他者的臉從外部來到我面前並中斷了自戀的迴圈。他者的臉將我從自戀中呼喚出來，轉向更為重要的事。」列維納斯的引言出自列維納斯與理查．齊爾尼（Richard Kearney），〈與列維納斯對談〉（"Dialogue with Emmanuel Levinas"），收錄於《與列維納斯面對面》（*Face to Face with Levinas*, Albany SUNY Press, 1986），頁23-4，引自Judith Butler, 2004/2006, *Precarious Life: The Powers of Mourning and Violence*, Verso, 131-2。巴特勒的引言出自*Precarious Life*, 138.

更應該探詢這些規範是如何進入框架以及更大的、可交流的迴圈。

我認為，阿布格萊布監獄的照片既沒有麻痺我們的感官，也沒有決定某種特定的回應。之所以如此，是因為這些照片並非處於單一的時間或特定的空間之中。這些照片反覆出現，在不同脈絡中來回移動。照片不間斷的框限以及觀者對照片的接收史，則制約（而非決定）了我們對刑求的公共詮釋。尤其需要注意的是，治理「人類」範疇的規範，在照片的交流中不停得到轉述並遭到廢除（abrogated）；規範並沒被當作主題看待，但卻使想理解「在彼處究竟發生了什麼事」的第一世界觀者能與刑求處境中那一絲視覺的人類「痕跡」相遇。這道痕跡並沒有告訴我們何謂人類，但卻證明了與治理權利主體的規範的斷裂，實際上不間斷地發生，而那稱為「人性」（humanity）的東西則成為此處探討的主題。照片無法復原其所呈現的身體。無論我們有多麼渴望，視覺痕跡確實不同於對受害者的人性進行的全面重新設立（restitution）。展示並流通的照片成為我們得以感受憤怒並構築得以含括並表達此憤怒的公共條件。

在思索刑求照片以及刑求照片所產生的效果時，我發現桑塔格最後的幾本著作是相當傑出的良伴，包含了《旁觀他人之痛苦》以及在阿布格萊布監獄照片流出後，發表於網路並刊於《紐約時報》的〈旁觀他人受刑求〉（Regarding the Torture of Others）。[15]這些照片讓世人看見殘忍、羞辱、強暴、謀殺，以及這種種所代表的戰爭罪之證據。照片以許多不同的方式運作，包括在訴訟程序中被用來當證據，起訴照片中的人，並指控其犯下刑求與羞辱他人之相關行動。這些照片也展現出美英兩國政府聯手破壞《日內瓦公約》的典型手段，尤其點出了不遵守給與戰犯公正待遇的相關協議。在二〇〇四年四、五月時，我們便清楚看見這些照片都有其特定模式（pattern），且證實了紅十字會在醜聞爆發前好幾個月以來所質疑的：美軍同時在伊拉克與關塔那摩灣有系統地虐待囚犯。[16]過一陣子我們才知道，擬定關塔那摩灣虐囚計畫的，正是阿布格萊布監獄的人員，而兩處的虐囚計畫都無視《日內瓦合約》。至於政府官員是否稱照片所描繪的物事為「虐待」或「刑求」這個問題，則表明該事件已與國際法相關；虐待能透過軍隊內部的懲處程序所執

15 桑塔格，〈旁觀他人受刑求〉，《紐約時報》，二〇〇四年五月二十三日，http://www.nytimes.com/2004/05/23/magazine/23PRISONS.html〔譯注：中譯本請參考收錄於《旁觀他人之痛苦》中的〈旁觀他人受刑求〉，孫怡譯，頁149-168。〕

16 一般認為，美軍少將喬佛瑞．米勒（Geoffrey Miller）正是該對這些虐囚行為負責的人，他擬定了關塔那摩灣的虐囚計畫（包含使用軍犬），並將此計畫挪移至阿布格萊布監獄。請見瓊恩．瓦希（Joan Walsh），〈阿布格萊布監獄檔案〉（"The Abu Ghraib Files"），Salon.com，二〇〇六年三月十四日，http://www.salon.com/news/abu_ghraib/2006/03/14/introduction/index.html；亦可見安迪．沃辛頓（Andy Worthington），《關塔那摩灣檔案：美國監獄中七百七十四位非法拘留者的故事》（*The Guantánamo Files: The Stories of the 774 Detainees in America's Illegal Prison*, London: Pluto Press, 2007）。

行，但刑求卻是能在國際法庭上起訴的戰爭罪。政府官員並不質疑照片的真實性，亦即被記錄下的東西是確實發生過的。然而，證實照片確實指涉到事件卻仍遠遠不足。照片不但被展示出來，還被命名了；這些照片被展示出來的方式、被框定的方式，以及被用來描述展示物的詞彙，都一同產生出讓我們得以詮釋所見物的原本（an interpretive matrix for what is seen）。但在開始簡短思索這些照片是在什麼條件下以什麼形式向公眾展現之前，我們先想想看框架是如何奠立拍攝者、相機與場景之間的關係。照片描繪或再現某個場景，將視覺影像保存在攝影框架之內。但框架也同時屬於那台處在視覺場域空間中的相機，因而無法在影像中浮現出來——儘管框架仍是作為影像的技術先決條件而運作，且由相機間接指涉（indicated indirectly）出來。儘管相機外在於框架，相機卻顯然「內在於」場景之中，而這相機是構築出場景的外部（its constitutive outside）。當這些刑求行動的拍攝本身成為公共辯論的主題時，照片場景便延伸而出。場景不再僅是監獄內部的空間位置與社會情景，而是該照片展示出來、為人所觀看、遭受審查、大肆宣傳、討論與辯論的整個社會範圍（entire social sphere）。我們因而可以說，照片的場景已然隨著時間改變。

我們在這個更大的場景之中會注意到幾件事，其一便是視覺證據與論述詮釋相互抗衡。有照片才有「新聞」，而照片主張的則是某種再現的狀態，此狀態超出原本拍攝的場所，亦即超出照片本身所描繪的場所。一方面，照片是指涉性的；另一方面，照片的意義依照其展現出來的脈絡和援引的目的而有所改變。照片發布於網路與報章雜誌中，但在這兩個管道中，公開的照片都是經過挑選的：有些照片被展現出來，而有些則否；有些占據大版面，有些只有米粒大小。很長一段時間以來，《新聞週刊》（*Newsweek*）手上都握有許多照片，但他們選擇不公開這些照片，因為這麼做是「沒用的」。他們希望對什麼東西有用？很顯然地，他們希望「對戰爭有用」——他們盤算的絕對不是「對個體有用，能讓大眾自由接觸到當前戰爭的資訊，藉此奠立問責制度並對該戰爭形成自己的政治觀點。」政府與媒體限制了我們所見，不就同時限制了公眾能接觸到的證據嗎？而這麼一來，不也就限制了公眾判斷戰爭路線的智慧嗎？如果桑塔格所言不假，當代的災難概念的確需要攝影為證的話，那麼，唯一能確定刑求確實發生過的方式，就是舉出照片為證，而在此時，證據便構築出刑求的現象。然而，在潛在或確實存在的訴訟程序框架中，照片已然被框限於法律與真理的論述之中。

在美國，對照片本身的荒淫取向（prurient interest）似乎取代了政治回應。琳迪・英格蘭（Lynndie England）[17]用狗繩繞著囚犯脖子的照片，被放在《紐約時報》頭版的正中央；然而，其他報紙卻將這張照片移轉至內頁，不願造成如此大的轟動。軍事法庭從潛在或確實存在的訴訟程

17　譯注：美軍士兵，二〇〇五年遭軍法審判，共有六項罪名成立。

序框架中考量，將這張照片視作證據；而這張照片已然被框限於法律與真理的論述之中。照片預設了拍攝者的存在，而這拍攝者永遠不會進入框架之中。有罪與否僅限於司法層面——是誰犯下了這些罪，或最終那些犯罪者的責任必須歸屬於誰。除此之外，只有某些最廣為人知的案例才得以起訴。

要過了好一段時間，才會有人質疑拍下這些照片的人究竟是誰，以及我們能從攝影者與影像之間堵塞的（occluded）空間關係推論出什麼。[18]他們拍下這些照片是為了揭發虐囚，還是在美國趾高氣揚的精神中幸災樂禍？拍下照片是否也是參與事件的方式之一？如果是的話，那是如何參與的？這些照片看起來似乎像是紀錄，製造出如《衛報》所說的「事件的情色作品」（pornography of the event）[19]——但在某些時候，某人或某些人會意識到某種潛在的調查（potential investigation），並瞭解到這些照片所描繪之物有哪裡不對勁。也許攝影者在拍下照片時或在回想時皆是帶著矛盾的心情，也許他們享受這種虐待場景的方式需要某種心理學的解釋。即便我並不否認心理學對於理解此類行為有其重要性，我卻不認為心理學該被用來將刑求化約為特定個體的病態行為。既然我們顯然已遭逢這些照片中的集體場景，我們便需要某些更接近集體行為的心理學，或甚至解釋戰爭的規範在這個案例中是如何中性化（neutralized）暴力與可受傷性之間那極富道德意義的關係。而既然我們也同樣處在特定的政治處境，任何將行為化約為個體心理的作法都只會讓我們回到同樣的老問題：該如何在因果原本（causal matrix）中構思個體或人格的概念，並藉此理解種種事件。若考量到照片的結構與空間動態，我們便能有另類的理解觀點，能以別的方式認識戰爭規範在這類事件中的運作方式，甚至能理解個體是如何被這些規範所選擇，並回過頭來選擇規範。

拍攝者透過框架將參與刑求的人拍攝起來，記錄該場景的視覺影像，而刑求那勝利的餘波也被他拍了進去。拍攝者與被拍攝者正是透過框架才得以產生關係。框架容許、安排並中介了這段關係。即便阿布格萊布監獄的攝影者拍攝時並無獲得國防部許可，我們卻也許能正確地將其觀點視作某種形式的嵌入式新聞報導。畢竟，他們對所謂「敵人」所持的觀點並不特別，反倒是許多人共享的——持這種觀點的人數眾多，以致於似乎沒什麼人想到刑求本身可能出了什麼差錯。我們能否不僅將這些拍攝者視為抹滅伊斯蘭文化實踐與規範的某種反覆與確認，還將他們視作符合並闡述多數人共享的、戰爭的社會規範呢？

18 由艾洛・莫里斯（Errol Morris）所執導的傑出影片《標準作業程序》（*Standard Operating Procedure*, 2008）是例外。

19 喬安那・布克（Joanna Bourke），〈刑求作為情色作品〉（"Torture as Pornography"），《衛報》，二〇〇四年五月七日，http://www.guardian.co.uk/world/2004/may/07/gender.uk

那麼，軍人以及從私人公司聘雇來監管美國監獄的保全人員，是根據什麼規範來行動的？而既然種種框架形成了此處探討的文化文本與政治文本之根本，我們不禁探問，相機的框架行動之中，又是什麼規範在運作呢？如果照片的描繪不僅奠基於事件，還同時放大了事件，此外，如果我們可以說照片反覆並延續了該事件——那麼，嚴格說來，照片並沒有延後事件發生的時間（postdate），反倒是在事件的生產、其能否為人識別，以及其現實的狀態等之中扮演極為關鍵的元素。也許攝影機承諾了某種節慶般的殘酷：「噢，天啊！這裡有台相機，快看鏡頭！我們快開始刑求吧，這樣我們的行為就會被拍起來，事後便能看著照片回味！」如果真是如此，那照片早已開始促使他人行動、框構並安排行動，即便照片捕捉到的瞬間行動已然完成。

某種程度上來說，我們的目標在於理解規範的運作是如何透過框架的行動（action of the frame）本身來劃定某個現實；而關於這副框架、這些框架，以及這些框架由何處而來、採取哪些行動等，都是目前有待理解的課題。既然拍攝者不只一人，而我們無法從現有的照片中明確辨別其動機，我們就只能以別種方式來閱讀刑求場景了。我們能相當確信地說，拍攝者正在捕捉或記錄該事件，但這引出的問題是，誰是潛在的觀眾？也許攝影者記錄該場事件只為了將影像重播給刑求者看，讓他們能在數位相機上重溫其行動，並快速將其特殊成就散播出去。我們也能將照片理解為某種證據，證明該項「正當的」懲罰曾經受人執行。攝影作為一種行動，並不總是先於或後於事件。照片是某種承諾，保證事件會持續下去，而正是這種「持續」在事件時間性的層面上生產出某種多義性（equivocation）——這些行動先前真的發生過嗎？現在還持續進行嗎？照片是否將事件持續延展到未來？

將場景拍攝下來似乎是某種對事件的貢獻，提供視覺反思與紀錄，並在某種意義上賦與其歷史地位。照片或拍攝者是否真的對該場景有所貢獻、有所行動並介入該場景？攝影與介入（intervention）相關，但拍攝並不等同於介入。照片裡有各種各樣的物事：綑綁在一起的軀體、慘遭殺害的個體、被迫口交、去人化的貶低（dehumanizing degradation），而這些照片拍攝時毫無受到阻礙。觀者的視野相當清楚。沒有人在鏡頭前蹲下擷取畫面，沒有人因拍攝者參與犯罪而將其銬上枷鎖、丟入監牢。這是明目張膽的刑求，就在相機鏡頭前刑求，甚至是為了相機而刑求。這是有核心的行動，刑求者規律地轉向相機，確保他們自己的臉有被拍進去，即便在遭受刑求者的臉被屍布裹著時亦然。相機本身不受約束、沒有限制，因此占據並指出該場景中，圍繞並支撐著迫害者的安全區域。我們不知道有多大部分的刑求是為鏡頭而蓄意執行的，彷彿是要大家知道美國人的能耐，將其作為美國軍事勝利主義的符號（sign），並展現其澈底貶低假想敵之能力，希望藉此在文明的衝突中取得勝利，並讓表面上的野蠻人臣服於我們將其文明化的任務，而美國，誠如我們所見，以美麗的姿態擺脫了自己的野蠻。但既然照片能夠潛在地將場景傳達給報章雜誌，刑求在某種意義上便是為了相機而做的；打從一開始，刑求的意旨就在於被傳播。刑求自身的觀點相當清楚明白，而攝影者則由刑求者的微笑所指涉出來，彷彿在說：「謝謝你幫我拍下照片，謝謝你記錄下我的勝利。」緊接而來的問題是，照片是否會作為警告與威脅而展現給那些尚未遭到刑求的人看。很顯然地，這些囚犯對於種種要脅已是再習慣不過——威脅要將其恥辱（尤其是性恥辱）展現給囚犯家人看。

照片具有描繪的功能——亦即具備再現與指涉的功能。但隨之而來的問題至少有兩個。首先，除了單純的指涉以外，這種指涉的功能還做了些什麼？它會產生什麼效果？我接下來要處理的是第二個問題，而此問題與多大幅度上被再現（the range of what is represented）有關。如果照片再現現實，那它再現的是哪個現實？而在此案例中，框架又是如何劃出將被人稱作「現實」之物的界線？

如果我們要在戰爭行徑中指認出戰爭罪，那麼「戰爭這回事」本身看起來便是某種非戰爭罪的東西（我們在這種架構之中，沒有辦法談論「戰爭本身所具有的罪行」）。但如果戰爭罪便意味著執行種種讓戰爭合法化的規範，那該作何解釋？阿布格萊布監獄的照片顯然指涉到某些物事，但我們是否能解釋這些照片以何種方式實行了戰爭的規範，並同時構築出伊拉克戰爭的視覺標記（visual emblem）？「戰爭這回事」本身受制於無所不在、隨處可見的照相機，時空因而能隨機地安排並記錄，而未來的觀點與外在的觀點便內存於該場景本身。但相機的效力運作的時間軌跡（temporal trajectory）並不等同於其所確保的時序。視覺檔案是會流通的。相機上所顯示的日期也許能明確指出事件的發生日，但影像流通的不定性（indefinite）卻使得事件得以持續發生，再者，多虧有這些影像，事件從不停止發生。

要理解影像的增生是件難事，但影像的增生似乎與行動的增生，也就是攝影的狂熱（a frenzy of photography）一致。我們必須考量到，刑求場景中不但參雜了歡愉感，攝影行動本身亦同時具備某種歡愉或衝動（compulsion）。不然為什麼會有這麼多照片？曾出版強暴史專著的倫敦大學伯貝克學院（Birkbeck College）史學家喬安那・布克（Joanna Bourke）於二〇〇三年五月七日於《衛報》發表了一篇名為〈刑求作為情色作品〉（Torture as Pornography）的文章。[20]布克以「情色作品」作為解釋範疇，藉此理解相機在該場景所扮演的行動者角色。她精闢地指出，我們能感受到拍攝者的興奮；不過，因為無法看到拍攝者的影像，布克便思索照片、照片的數量以及拍攝照片當時的狀況來推導出她的結論：

20 同前注。

拍攝者透過受害者的性器官獲得興奮感。在拍攝現場，拍攝者沒有任何道德上的疑慮——他們甚至沒有意識到自己正在記錄戰爭罪行。我們絲毫無法看出他們知道自己在做的事是格外道德扭曲的。對於鏡頭後的人來說，情色作品的美學能使他們免於責難。[21]

也許我的觀點有點奇怪，但就我對該事件的理解，照片的問題並不在於某人因其他人的生殖器而感到興奮。我們都時不時因他人的生殖器而感到興奮，而這種興奮並沒有什麼特別值得駁斥的，這甚至正是享受一段美好時光的必需品。然而，明顯需要駁斥的是透過使用強制力與性行為的剝削來羞辱並貶低另一個人類。當然，兩者間的差別至關重要，因為布克認為性的交換本身便是問題，而我認為問題出在性行為中的強迫性質。在布希總統看完某些照片走出參議院之後，這之中的疑雲又更加難解了。當記者問他看完照片有何感受時，他說那些照片「噁心至極」。我們不知道「噁心」究竟是指同性的肛交與口交還是刑求本身的生理強制性與心理貶低性所帶來的效果。[22]確實，如果他覺得「噁心至極」的是同性性行為，那麼他顯然沒把握到刑求的重點，而是讓他自己的性厭惡與道德觀取代了倫理駁斥。但如果「噁心至極」的是刑求本身，那為什麼他要說「噁心」而非「錯誤」、「令人厭惡」或「犯罪」呢？「噁心至極」一詞仍相當模稜兩可，使以下兩個議題相當可疑地交纏——一方面是同性性行為，另一方面則是生理刑求與性刑求。

某種程度上來說，誤把這些照片當成情色作品似乎也犯下了某種類似的範疇錯誤。布克對拍攝者心理的猜想相當有趣，而某種殘酷與歡愉的混合確實值得我們思考。[23]但我們該對這類議題提出何種判斷？我們難道不該問，為什麼我們相信唯有這些情感態度才能推動我們從批判的角度理解攝影與刑求的問題？如果拍攝者意識到自己正在記錄戰爭罪行，且此意識出現在照片本身之中的話，那會是怎麼一回事？將某些記錄下來的東西確認為強暴和刑求是一回事，而主張將情色作品作為再現手段則是另一回事。我擔心誤把情色作品當成強暴的這種老問題又以未經檢驗的形式重現於此。這種觀點認為，情色作品推動或煽動強暴，且與強暴之間有因果連結（觀賞者最終成為強暴者），而強暴對身體層面的影響也發生在情色作品對再現層面的影響之中。[24]

---

21 同前注。

22 《紐約時報》，二〇〇四年五月一日，http://query.nytimes.com/gst/fullpage.html?res=9502E0DB153DF932A35756C0A9629C8B63

23 請見《標準作業程序》以及琳達．威廉斯（Linda Williams），〈強迫框架：艾洛．莫里斯的《標準作業程序》〉（The Forcible Frame: Errol Morris's *Standard Operating Procedure*）（經作者同意使用）。

24 關於國家如何利用女性刑求者來轉移其系統性暴力的另一種非常不同且發人深省的觀點，請見可可．福斯科（Coco Fusco），《女性訊問者指南》（*A Field Guide for Female Interrogators*, New York: Seven Stories Press, 2008）。

照片在拍攝的當下，當然不是某種道德質問、政治曝光或法律調查的一部分。照片中的軍人與保全人員顯然跟相機處得很好，甚至與其打鬧，而即便我先前說過這其中可能有某種狂妄自大的成分，布克仍主張照片在此發揮的是「紀念品」的功用。她更進一步主張，虐待是為了相機而執行的，而正是此命題（我暫且與其共享這則看法），引導她推論出一則我不同意的結論。她的論證如下：虐待是由相機所執行，而該影像透過苦痛來為攝影者和（我想應該還有）影像的消費者製造出歡愉，因此，這些影像無異於色情作品。在這則深思熟慮的論證之中出現的，是布克的預設——情色作品從根本上便是由特定的視覺歡愉所定義，而這種歡愉源自觀看人類與動物的苦痛與刑求。如果歡愉存在於觀看之中，且歡愉出自前述的苦痛，那麼，在這點上，刑求便是照相機的效果，而相機，或說其情色的凝視（pornographic gaze），便是苦痛場景本身的起因。因此，相機事實上已然成為刑求者。有時布克提及「照片中的罪犯」，但有時讀起來又像是照片與拍攝者都是罪犯。[25]在某種顯著的意義上，也許兩者皆成立。但在她發人深省的文章末處，倫理問題卻變得更加艱難。她寫道：「這些情色影像已然將戰爭的人道主義修辭僅存的些微力量給剝除殆盡。」[26]我的解讀是，她認為影像點出了人道主義試圖佐證戰爭的謊言。在某些案例中這也許能成立，但她並沒有明確說出為何成立。在此，問題看起來並不像是影像描繪了什麼東西，不論是刑求、強暴、羞辱、謀殺，問題在於所謂影像情色作品（pornography of the image）本身。在布克的用詞裡，「情色作品」指的是透過觀看貶低人類以及該貶低的情慾化（eroticization）所得到的歡愉。

這種情色作品的定義掏空了照片場景中的殘酷行徑。照片中，有受女性刑求的男性、男男女女強迫伊拉克女性與穆斯林女性裸露胸部、強迫伊拉克男性與穆斯林男性執行同性性行為或自慰。刑求者知道這會使遭受刑求者感到恥辱；照片加強了恥辱，並使受迫者回顧該事件的行動；照片也威脅要將該行徑曝光，使大眾都知道這些事件並引發公眾羞辱。一方面，美國士兵似乎正利用穆斯林對裸體、同性情慾與自慰的禁令來剝除維持穆斯林完整性的文化織體（cultural fabric）。另一方面，這些士兵也有他們自己對情慾的恥辱和恐懼感，其中還參雜了某些非常明確的攻擊性。否則，為什麼在第一次與第二次波斯灣戰爭中，美軍要在向伊拉克發射的飛彈寫上「食屎啦」[27]？在此場景中，轟炸、使人殘疾（maiming）與殺害伊拉克人的舉動，都有著雞姦的形象。美軍認為這能讓那些遭受轟炸的人也產生雞姦的恥辱。但關於轟炸機以及「發射」[28]

25　布克，〈刑求作為情色作品〉。
26　同前注。
27　譯注：原文為up your ass。
28　譯注：原文為ejaculate，與「射精」同義。

導彈的閒談，又意味著什麼？說到底，要犯下雞姦罪就必須有雞姦的雙方，而士兵確保自己在這想像的場景中處於主動的插入位，但他們所處的位置其實也與「同性戀」的一號（top）沒什麼兩樣。然而，這種行動被賦與了謀殺的形象則表示其完全處在某個侵略性的迴圈（aggressive circuit）之中，利用性的恥辱並將其歡愉轉化為某種赤裸的施虐型態。美國監獄守衛透過強迫其囚犯實行雞姦來延續這則幻想，這件事便表明，對美方而言，同性情慾等於抹滅人格，即便在這些案例中，顯然是刑求才抹滅了人格。矛盾的是，在這種情境中，穆斯林反對同性性行為的禁忌反倒與美軍中的恐同不謀而合。刑求場景包含了強迫的同性性行為，並想透過此強迫行為來抹滅人格，這便預設對刑求者以及遭受刑求者來說，同性情慾代表毀滅了一個人的存有。因此，強迫的同性性行為似乎便意味著以暴力的方式摧毀一個人。當然，這裡的問題在於，美軍想藉由強迫他者採取此行動將此真理外在化，但見證者、拍攝者以及刑求場景的安排者，皆是參與此歡愉的各方，他們展現出的歡愉正是他們所貶低的歡愉——他們甚至要求重複觀看這種他們強制安排的場景。除此之外，刑求者雖然貶低同性情慾，但也只能藉由牽涉於某種版本的同性情慾中才辨得到這件事。在刑求中，刑求者扮演「一號」的角色，只會插入跟強制要求受刑求者身體的可插入性（penetrability）。事實上，強制插入是某種將該可插入性永遠「分派」至他方的方式。

布克認為這種歡愉在照片與照片所描繪的場景中運作，這點顯然正確。但如果我們主張照片的「情色」是指責的對象，那就大錯特錯了。畢竟，有待解釋的是照片中的興奮感、意象（imagery）的增生、種種行動之間的關係，以及這類描繪是透過何種手段而達成。我們似乎能從中嗅出一絲狂熱與興奮，但同時也察覺到觀看行動和拍攝行動的性化（sexualization），且兩者的性化與該場景的性化息息相關。然而，這裡的問題並不在於情慾化的觀看實踐，而是對照片及其持續重申這種視覺象徵場景的道德冷感。但我們先別急著認為照相技術、數位化或情色凝視該替這所有行動負起責任。刑求也許是受相機的在場所煽動、並預期相機持續在場而持續刑求，但這並不代表相機或「情色作品」就是刑求的原因。畢竟，情色作品也有許多非暴力的版本和許多顯然很「香草」[29]的文類，這種「香草」文類最大的敗筆就在於無法提供嶄新的情節。

這一切都引出了一則重要的問題：相機與倫理回應之間的關係究竟為何？這些影像顯然在沒有引發任何道德憤怒的情況下四處流通、供人享受、消費並與人交流。這種惡的平庸化（banalization of evil）是如何發生的？這些照片又為何無法引發眾人的警覺（或太晚引發，或只有在戰爭與監禁的場景之外才使人產生警惕）？這些無庸置疑都是關鍵問題。我們也許會期待照片讓我們注意到場景中那令人憎惡的人類苦痛，然而，照片並沒有這種神奇的道德能動

29　譯注：原文為vanilla，針對不同脈絡亦可翻譯為「小清新」或「清水向」。

性。同樣地，即便照片有煽動殘暴的功能，它仍不同於刑求者。照片以許多方式運作——在監獄內部激起殘暴、威脅讓囚犯遭受恥辱、戰爭罪的紀事、見證刑求那澈底的不可接受（radical unacceptability），也是能讓我們在網路上與美國博物館（包含藝廊與許多不同管道的公共空間）中看見的檔案與記錄工作。[30]照片顯然已游移至原先的場景之外，離開了拍攝者的雙手或與拍攝者自身對立起來，甚至可能使拍攝者的歡愉消失殆盡。照片讓有別於要求場景一再重複的凝視得以出現，因此，我們也許必須接受以下事實——照片既非刑求亦非救贖，而是能在完全不同面向上被當工具使用（instrumentalized）的東西，而其如何運用則取決於照片是如何透過論述被框構而成，以及透過哪些形式的媒體再現而展現。

我們在這些照片中看到的其中一個現實，是無視規則或破壞規則的現實。因此，這些照片一部分的功能便是點出特定的無法狀態（lawlessness）。原先為了制定關塔那摩灣政策所使用的規則被用來制定阿布格萊布監獄的政策，這其中有什麼顯要之處？美方主張其在關塔那摩灣不受《日內瓦公約》所約束，而在伊拉克，雖然美軍顯然受《日內瓦公約》的法律效力所約束，他們在對待伊拉克囚犯時卻破壞了《日內瓦公約》的標準。美軍主張，關塔那摩灣拘押中心D營[31]中的囚犯並不享有《日內瓦公約》的保障。這則法律主張植入了以下預期：這些囚犯並不那麼人類（less than human）。他們被視作國家公敵，但與此同時卻沒有人以構成「人類」概念的文明與種族規範來設想這些囚犯。在此意味下，刑求不僅預設他們「不那麼人類」的狀態，還再次建立了（reinstituted）這種狀態。在此我們必須認識到，正如阿多諾警告我們——以文明之名行使的暴力揭露了其自身的野蠻，即便文明假設受暴力侵犯的他者是野蠻的「次人類」，並以此來「佐證」自己施行的暴力，這種文明仍與暴力無異。[32]

---

30 其中一場重要的展覽是布萊恩·瓦歷斯（Brian Wallis）的〈難堪的證據：來自阿布格萊布監獄的伊拉克監獄影像〉（"Inconvenient Evidence: Iraqi Prison Photographs from Abu Ghraib"），同時於紐約市國際攝影中心（International Center of Photography）以及匹茲堡沃荷美術館（The Warhol Museum）展出。哥倫比亞藝術家費南多·波特羅（Fernando Botero）奠基於阿布格萊布監獄照片所繪的畫作也於二〇〇六至〇七年在全美各處展出，其中最為出名的幾場分別舉辦於〇六年的紐約市馬爾伯勒藝廊（Marlborough Gallery）、〇七年加州大學柏克萊分校多爾圖書館（Doe Library），以及〇七年美國大學博物館。請見《波特羅·阿布·格萊布》（*Botero Abu Ghraib*, Munich, Berlin, London, New York: Prestel Press, 2006），以及收於其中一篇由大衛·艾波尼（David Ebony）所寫的傑出文論。也請見蘇珊·克里勒（Susan Crile）於二〇〇六年展於亨特學院（Hunter College）的《阿布格萊布／權力濫用（紙上作品）》（*Abu-Ghraib/Abuse of Power, Works on Paper*）。

31 譯注：Camp Delta，美軍在關塔那摩灣設置軍事監獄的主要營區。

32 提奧多·阿多諾（Theodor Adorno）與馬克·霍克海默（Max Horkheimer），《啟蒙的辯證》（*Dialectic of Enlightenment*, trans. John Cumming, New York: Continuum, 1972）；阿多諾，《最小的道德限度》（*Minima Moralia: Reflections from Damaged Life* [1944–1947], London: Verso, 2005）。

批判框架所遇到的難題，當然就是預設觀者「外於」框架，在第一世界的脈絡「這裡」提出批判，而那些被描繪的人仍然無名且無人知曉。因此，我至今所提出的批判侷限在視覺分歧的此岸，是對存在於第一世界的視覺消費，提出第一世界的批判，或是某種第一世界的倫理與政治，對那些犯下或容許這類刑求的政府，要求其人民發出憤怒的回應。二〇〇六年二月與三月，《沙龍》發布為數眾多的照片（超過一千張）之後，問題便變得更嚴重了：《沙龍》的照片受國際法所約束，被要求不得曝光戰爭受害者的隱私。也許《沙龍》收到並發布的素材與國防部法律攻防戰的主題一樣，也許有些影像於其中流失了；即便如此，影像的數量仍十分龐大。從美軍刑事調查司令部流出的檔案共計一千三百二十五幅影像與九十三部影片，但這些顯然不代表刑求的總數。正如記者瓊恩．瓦希在二〇〇六年所指出，「從阿布格萊布監獄流出的影像，只不過是美方四年多來在全球反恐戰爭中系統性策略的一隅。」[33]

《沙龍》調查了美軍用來辨識阿布格萊布監獄刑求場景的「說明文字」（captions），這些文字中顯然包含了許多拼錯的人名以及不清楚的時間與地點，而這種種都是需要重構的。單憑影像並無法立即讓我們明瞭事件的「現實」，我們需要以回溯的方式理解「時間軸」，藉此理解刑求本身的演變與其系統性的特質。使重構或復原受害者的「人性」變得更為艱難的是，受害者的臉（如果沒有在刑求過程中被裹屍布所遮掩的話）必須刻意模糊處理，藉此保護其隱私。我們手上握有的照片中的人，大多時候都無臉無名。但我們仍可以說，經過模糊處理的臉與缺席的名字仍作為人性的視覺痕跡（visual trace）運作——即便這是視覺場域中的缺漏（lacuna）。換言之，這並不是透過規範而產生的標記，而是從「規範性的人」被廢除之後而殘存的碎片中誕生。換句話說，遭受刑求的人類並沒有馬上符合某種視覺、身體或社會肯認的身分；他們的堵塞與抹除反倒成為延續其苦痛與人性的標記。[34]

重點不在於將某組用以理解「人類」的理想化規範取代原先的規範，而是把握住規範摧毀其範例的當下，亦即當人命，也就是人類的動物性超出並抵抗人類規範的時刻。當我們在此脈絡中談論「人性」時，我們指涉的是「人類」的雙重性或痕跡，因為其雙重性與痕跡混淆了人類的規範，換個方式說，就是逃出了人類規範的暴力。當「人類」試著規範其種種案例時，特定的不可共量性（incommensurability）便從規範與規範想要組織掌握的生命之間出現了。我們能否命名該裂隙？我們是否應命名該裂隙？在這種場景之中，我們不正是認識了不受規範肯認的生命嗎？

33　瓊恩．瓦希，〈引言：阿布格萊布監獄檔案〉（*Introduction: The Abu Ghraib Files*），http://www.salon.com/ news/abu_ghraib/2006/03/14/introduction/index.html。

34　在此特別感謝厄多瓦多．卡達瓦（Eduardo Cadava）提出這點。請見其所做之〈人權的怪物性〉（"The Monstrosity of Human Rights" in *PMLA*, 121: 5, 2006, 1558–1565）。

受害者的姓名並沒有包含在說明文字當中，但犯罪者的姓名卻在其中。我們是否哀悼姓名的匱乏？是，也不是。我們會知道但也不會知道這些姓名。我們也許會認為，我們人類化的規範需要姓名與臉，但也許「臉」正是透過被遮蔽或作為遮蔽物而向我們發揮作用，透過並經由其被抹除的手段來讓我們認識到臉。在此意義上，我們不會知道臉與名字，而肯定這種認知上的限制是一種肯定人性的方式，使我們逃離攝影的視覺控制（visual control of the photography）。再更進一步曝光受害者無異於重申罪行，因此，我們的任務似乎在於完整記錄下刑求者的行為以及曝光、散播並發布醜聞的人。但我們在做這些事的同時，無論是經由論述或視覺手段，都不該強化受害者的「曝光」。

當這些照片展示在國際攝影中心（International Center for Photography）中由布萊恩・瓦歷斯所策畫的展覽時，拍攝者並沒有因這些照片而得到表揚，反倒是同意發布照片的新聞組織獲得了表揚。重要的是，這些新聞組織因公開照片而讓照片能進入公共領域，接受大眾的審視。拍攝者沒有得到表揚，因為他們雖然沒有被拍下來，卻仍屬於被公開的場景之中的一分子，因而暴露其顯而易見的共謀。在此意義下，照片的展覽伴隨著照片出版史與評價的說明文字與評論，便同時暴露並抗衡了驕矜自喜與虐待成性的封閉迴圈，而正是這兩種性格的交流構成了照片原本的拍攝場景。該場景現在已成為大眾檢視的對象，而我們不再如此受框架所引導，反倒是以一種嶄新的批判能力來檢視照片。

雖然我們對這些照片感到震驚，但最終撼動我們的卻不是震驚。在《旁觀他人之痛苦》的最後一章，桑塔格試著反駁她早期的攝影批判。在一次情感充沛、幾乎惱火的公開抗議之中，桑塔格以不同於她平常謹慎斟酌的理性主義語氣，說道：「讓暴戾的影像縈繞著我們！」[35]早先，她貶低照片的力量，認為那只不過是將其「縈繞著我們」的效果加於我們之上（而敘事則有能力讓我們理解），但現在正是這種「縈繞著我們」的力量能為我們帶來理解。我們看到照片且無法輕易放下（let go of）這觸及我們的影像。影像讓我們更進一步理解人命之脆弱與終有一死（mortality），以及政治場景中死亡的風險。在《論攝影》中，她在寫下這段話時似乎早已明白這點：「照片道出生命步向毀滅時的無辜與脆弱，而攝影與死亡之間的連結縈繞著所有人的照片（photographs of people）。」[36]

也許桑塔格在寫作時受到羅蘭・巴特（Roland Barthes）的影響，畢竟是巴特在《明室》（*Camera Lucida*）中主張，以前未來式的時態來塑造一張臉、一條命，是攝影影像獨有的能

35 桑塔格，《旁觀他人之痛苦》，頁65。〔中譯本頁129。譯文稍作改動。〕

36 桑塔格，《論攝影》，頁70。

力。[37]照片轉述的與其說是當下這個時刻，毋寧是某個時間的觀點、渲染力，而這個時間是「這將會結束」（this will have been）。照片的運作模式有如一部視覺的編年史——照片「未必顯示**已不存在者**，而僅確切顯示**曾經存在者**。」[38]但每幅攝影描繪都至少以兩種時態模式「說話」，既是「曾經存在者」的編年史，亦是「將會結束者」的前設確定性（protentive certainty）。巴特非常著名地寫下攝影如何預知路易斯・拜恩（Lewis Payne）在獄中靜待絞刑：「**他將要死去**。我同時讀到：**這將發生**，**這已發生**。我心懷恐懼，觀察這以死亡為賭注的過去未來式（譯按：即前未來式）。照片對我顯示了意定姿態的絕對過去式（不定過去時），且意指了未來式的死亡。」[39]但並非所有被法庭公開判死的人或所有已故者都擁有這項特質，因為對巴特來說，「不管被拍者已死去與否，任何照片都是這樣的災難」，照片設置並引發的觀點，讓我們得以看見生命的絕對過往性（absolute pastness of a life）。[40]

這種「絕對過往性」是在什麼條件下才能與憂鬱的力量抗衡並開啟一種更為明確的弔唁形式？這種賦與生靈（其生命並非過往）的「絕對過往性」，是否正是可弔唁性？肯定某條生命確實存在過，即便是存在於生命本身之內（within the life itself），即是強調那條命是值得弔唁的生命。在此意義下，照片透過其與前未來式的關係，安置了可弔唁性。在此，我們不免好奇，這種觀點是否與桑塔格的呼籲有所關聯：「讓暴戾的影像縈繞著我們！」[41]桑塔格的律令表示，在某些條件下，我們能拒絕被照片所縈繞，或照片的夢魘無法觸及我們。如果我們沒有被照片所縈繞，那世上便沒有逝去，沒有任何生命逝去。但如果我們受照片所動搖或縈繞，那是因為照片活得比其紀錄對象更久，因此能對我們造成影響；照片事先奠立了某個時間，而在這時間中，逝去將會被證實為逝去。因此，照片透過其「時態」與生命的可弔唁性連結，預期並執行了可弔唁性。這麼一來，我們便得以事先被他者的苦痛或死亡所縈繞。或者，我們也可以在事後證實並

37 巴特，《明室》。約翰．繆思（John Muse）在加州大學柏克萊分校修辭學研究所（Department of Rhetoric）的傑出論文〈攝影證據的修辭來世〉（"The Rhetorical Afterlife of Photographic Evidence" [University of California, Berkeley, 2007]）對此處的反思之影響極為重大；在此亦特別感謝愛米．胡泊（Amy Huber）提醒我巴特的評論以及其畢業論文〈死亡的一般劇場：現代致死與現代主義形式〉（"The General Theatre of Death: Modern Fatality and Modernist Form" [University of California, Berkeley, 2009]）對此議題提出的挑戰。

38 巴特，《明室》，頁85。〔中譯本頁103，譯文稍作改動。原譯文為「未必顯示已不存在者，而僅確切顯示曾經在場者。」「曾經在場者」原文為ce qui a été，直譯為「曾經存在者」。雖說譯為「在場」無論在巴特的原文或巴特勒在此的脈絡都說得通、甚至讀起來相當流暢，但卻有可能把être（存在、存有）與présence（在場，相對於缺席）搞混。原文出處請見：R. Barthes, 1980, *La chambre claire. Note sur la photographie*. Éditions de l'Étoile, Gallimard, Le Seuil, pp. 133.〕

39 同前注，頁96。〔中譯本頁112。〕

40 同前注。

41 桑塔格，《旁觀他人之痛苦》，頁115。〔中譯本頁129。〕

開始弔唁之後，才開始受照片所縈繞。照片不僅透過情感效應運作，還透過設置特定的證實模式（mode of acknowledgment）。照片「主張」生命具有其可弔唁性：其渲染力同時具有情感面向與詮釋向度。如果我們能被照片所縈繞，我們便能證實曾經有生命逝去，因而能更進一步證實生命曾經存在：這是認知、認識的第一步，但同時也是一種潛在的判斷，而這判斷要求我們將可弔唁性構思為生命的先決條件，亦即只能透過照片本身設立的時間性，並以回溯性的方式發現的可弔唁性。「某人將會活過」是以現在式的時態說出，但這句話指涉的卻是將臨的時間與逝去。因此，對過去的期盼便強調了照片特有的能力：將可弔唁性建構為可為人所知的人命（a knowable human life）的先決條件——被縈繞正是在精確知道該生命以前，認識該生命。

桑塔格的主張倒沒有這麼強大的野心。她寫道，照片能成為一項「邀請：去注意、反省〔……〕檢查建制當局如何自圓其說地解釋苦痛原由的文飾辭令。」[42] 在我看來，在國際攝影中心策畫阿布格萊布監獄照片的展覽正是做到了這點。但對我來說更耐人尋味的是桑塔格在九一一書寫與〈旁觀他人受刑求〉中逐步升高的憤怒，在這些書寫中，儘管照片能讓她感受到憤怒，她仍認為照片無法告訴她如何將該情感轉變為有效的政治行動。她承認，她過去的確以道德譴責反對照片，因為照片雖然能激起憤怒，卻無法告訴我們憤怒該往何處去；因此，照片激起道德情感的同時，也確定了我們的政治癱軟。而即便這種挫敗感使桑塔格備受挫折——而這挫折感出自她作為第一世界的知識分子，總是認為自己能做些什麼——因此又再一次使她無法關注他人的苦痛。即便在她思索攝影之文末，讓桑塔格構想出回應他人之痛苦的仍是傑夫．沃爾（Jeff Wall）在美術館中的影像，因此，我們能如此推測：這張照片更加證實了美術館世界正是她最有可能反思與審視的所在。在這環節，桑塔格從照片與戰爭的政治危急（political exigencies）轉向美術館展覽，而我們能將其轉向（turn）視為給與她思考並書寫珍視之物的時空。她確立了自己作為知識分子的地位，但同時也讓我們知道這幅影像能如何幫助我們更謹慎地反思戰爭。在此脈絡下，桑塔格探問，受刑求者能否回望我們，而當他們盯著我們時，他們眼中看見的是什麼？她論點中的缺漏是，她認為阿布格萊布監獄中的照片是「我們」的照片，而某些批評家指出，這種自我迷戀又再一次取代了反思他人之苦痛的機會。但她問的其實是「這個政府所貫徹的政策以及執行政策的權力機構是否使這樣的〔刑求〕行動成為可能。遵循這一思路，照片即我們。」[43]

也許她說的是，在觀看照片的過程中，我們看到自己在觀看，也就是說，我們因為與那些拍攝者共享同樣的規範、而正是這些規範制定出的框架使那些人的生命變得貧困且卑賤（甚至在

42　同前注，頁117。〔中文版頁131。譯文稍作改動。〕

43　桑塔格，〈旁觀他人受刑求〉。〔中譯本頁153。該文譯者孫怡指出，在最後一句「照片即我們」中的「我們（us）」「指美國人。有趣的是這二字大寫（U S）也即是美國。」〕

某些時候受折磨致死），因此，我們便是那些拍攝者。在桑塔格看來，死者根本對我們不感興趣——他們並不尋求我們的凝視。死者斷然拒絕以視覺消費被裹住的頭顱、閃爍偏移的目光。這種對我們的冷漠，執行了一種媒體消費中照片的角色的自我批判。即便我們可能仍想看見些什麼，照片卻告訴我們，這些死者顯然毫不在乎我們有沒有看到東西。對桑塔格來說，這便是照片的倫理力量，能夠反射出我們的慾望之自戀並拒絕滿足該自戀。

也許她說得沒錯，但我們無法看見我們看見的東西，也許也是需要批判檢視的問題。學著觀看讓我們無法看見我們所見之物的框架，並不是件簡單之事。而如果視覺文化在戰爭時代扮演什麼關鍵角色的話，即是將這種強迫性的框架點出來作為主題討論，因為正是這種框架執行了去人化的規範並限制了可感知之物以及可存有之物。聚焦必然需要限制，且所有觀看都經過篩選，但即便如此，這種一直以來要求我們與其共處的限制卻強加了束縛，規定出哪些是可聽、可讀、可見、可感以及可知之物，並因此掏空我們對戰爭的感官理解以及感官反戰的條件。這種在看見之中的「沒看見」，這種作為觀看條件的「沒看見」，成為了視覺規範，而這種視覺規範一直以來都是美國的民族規範，並透過攝影框架在刑求場景中執行。在此案例中，影像流通至其生產場景之外，便斷開了否認的機制，並在其甦醒之際散布弔唁與憤怒。

性政治、刑求與世俗時代

思索這個時代的性政治時，馬上就會遇到一個問題：我們顯然無法在不知道「這個時代」是指哪個時代的時候，指涉「這個時代」；我們無法在不知道該時代在何處運作、在「這個時代」是什麼時代」這個問題上沒取得共識時，指涉「這個時代」。如果此處的問題不僅在於對「這個時代」的不同詮釋，那麼，在這個時代中，似乎早就有許多時代同時運作，而時代的問題便會使我思索這類議題的嘗試變得更為艱辛。從對時間的反思著手談論性政治以及更廣義的文化政治，似乎有點奇怪。但我在此想指出，在性政治的論戰框架中早已充滿時間問題，尤其是進程（progress）的問題，以及某些探詢「開展出自由的未來」所指為何的討論。「不只有一個時代」、「這個時代是什麼」等問題早已使我們分道揚鑣，並進而牽涉到以下問題：哪些歷史形塑了我們？這種種歷史是如何與彼此交錯（或無法交錯）？時間性是如何依照空間分劃而組織起來？

我並不主張回到某種奠基於文化整體論（cultural wholism）的文化差異概念，彷彿我們得將種種文化視作獨立且自我同一的整體，不但僵死且彼此區隔鮮明。恰恰相反，我反對所有這種回歸的嘗試。問題並不在於不同的文化彼此衝突，或是每個將自己構想為自足的不同時間模態（modalities of time）在不同的、差別化的文化地點相遇，或在相遇時以困惑或粗暴的方式對待彼此。當然，在某些層面上，這的確是則有效的（valid）描述，但這種描述會錯失一個重點：「進程」這個霸權概念將自己定義為「對立於前現代的時間性」，並藉此將自身合法化。從政治層面來看，這些問題包括：「我們處在什麼時代？」、「我們所有人都在同一個時代嗎？」或尤其是「誰已抵達現代性、誰還沒有？」都從非常嚴重的政治論爭中浮上檯面。單純的文化主義並無法回答這些問題。

在我看來，性政治遠非處在這場論爭的邊緣，反倒位於其核心。除此之外，「新的」或「澈底的」性自由的主張，通常都正是被這種觀點所挪用，而這類觀點通常來自國家權力內部，將歐洲以及現代性區域定義為能夠且確實實踐性基進主義的優越地區（privileged site）。通常（當然有例外），這主張會再進一步發展，變成我們必須保護這些享有澈底自由的優越位址，使其免於遭受新移民社群所謂的正統學說（orthodoxies）所侵犯。我在此先不繼續闡述這則主張，因為它伴隨了大量本章稍後才會詳細探討的預設。但我們一開始就必須記得，這種構想是相當可疑的：國家論述頻繁提出這類構想，希望能在特定的時間軌跡之中生產出某些性少數的概念（notions of sexual minorities）以及新移民社群的概念，而這論述則能讓歐洲以及其國家機具成為自由與現代性的化身。在我看來，問題並不在於不同的文化位置有不同的時間性——如果是這樣的話，我們僅需擴展我們的文化架構，讓原先的文化架構內部變得更複雜、更寬廣。這種形式的多元主義以整體論的框架來一一區分所謂的「共同體」或「社群」，並再想像出一個問題：我們該如何超克不同社群間的張力？然而，問題其實在於，特定的地緣政治空間概念，包含少數社群在空間上的限制，都被這種故事侷限於某種進步的現代性；某些認為「這個時代」能夠且應該如何的概念，也以相似的方式被侷限於這些事情的「發生地」。在此先聲明，我並不反對所有「向前進」的概念，更不反對所有版本的「進步」，但班雅明對進步與「此時此刻」的反思，對我造成深遠的影響，並因此而對進步的信念有所動搖。我對性政治的思索之中，有一部分便是受班雅明啟發。在此，我想說：我當然是在現在思索性政治，但也許我的論題僅單純是，如果沒有批判地衡量「此時此刻」，便無從思索性政治。我的主張是，以這種方式思考時間性與政治，也許能開啟另一條不同於多元主義與交織性的進路來理解文化差異。

重點不只是注意到某些進步敘事的時空預設——這類敘事含有種種不同的偏狹觀點，如結構性的種族主義或五花八門的政治樂觀論。重點在於展現出我們對「現在」發生之事的理解，實際上受到特定的地緣政治所限；我們的理解受限於想像與我們相關的世界疆界（relevant borders of the world）。要理解當代政治生活，就必須將疆界問題（什麼能越過邊界、什麼留在疆界中，而跨越疆界與僵局的機制又是什麼）納入我們的時間觀之中。當代的性政治圖景交錯了不同的論爭與對峙，而這種種皆將政治的時間定義為不穩定的星叢（fractious constellation）[1]。進步的故事只不過是這類星叢中的其中一支，且現在已然面臨危機。[2]

我的關懷聚焦於特定世俗史觀以及當代政治中的「進步」立場，是如何仰賴某種透過時間而出現的自由觀，且這種自由觀之結構讓其得以隨著時間而進步（temporally progressive）。[3]當名

---

1 譯注：巴特勒對「星叢」（constellation）的理解源自班雅明。在班雅明看來，我們認識的對象在我們將其納入觀念之前業已存在，但我們一旦認為自己已經獲得該對象的知識時，便排除了這對象先前的存在；然而，我們的觀念並無法決定對象的內容究竟為何。因此，班雅明說道，「觀念之於對象正如星叢之於星星」（ideas are to objects as constellations are to the stars）。星叢的存在能讓我們發現到個別的星星，但卻無法掌握每一顆星星的內容究竟為何；相反地，如果沒有這麼多星星形成彼此之間的關係的話，我們便無從發現星叢，更遑論再從星叢認識星星。換言之，星叢（觀念）的存在證實了兩件事：一、星星（對象）在我們從星叢（觀念）的角度認識它之前便早已存在，而這是它的過往；二、星星（對象）的過往實際上並沒有完全過去，反倒存在於「現在」，而這是我們該透過星叢（觀念）認識到的。巴特勒在文末更為詳盡地從政治的角度探討星叢的概念，請見後文。此處關於「星叢」的理解，請見W. Benjamin, 1963/1998, *The Origin of German Tragic Drama*, trans. John Osborne, Verso, pp. 30-5.

2 請見溫蒂・布朗（Wendy Brown），《出於歷史的政治》（*Politics Out Of History*, Princeton, NJ: Princeton University Press, 2001）。

3 珍娜・雅克布森（Janet Jakobsen）與安・裴勒吉林尼（Ann Pellegrini），《愛原罪：性規範與宗教寬容的極限》（*Love the Sin: Sexual Regulation and the Limits of Religious Tolerance*, New York: New York University Press, 2004）；沙巴・馬木德（Saba Mahmood），《虔敬的政治》（*The Politics of Piety*, Princeton, NJ: Princeton University Press, 2005）；塔拉・阿薩德，《世俗的形構：基督教、伊斯蘭、現代性》（*Formations of the Secular: Christianity, Islam, Modernity*, Palo Alto: Stanford University Press, 2003）；以及威廉・E・康諾利（William E. Connolly），《我為何不是世俗論者》（*Why I Am Not a Secularist*, Minneapolis: University of Minnesota Press, 2000）。

嘴與公共政策代表指涉到現代性或世俗主義時，自由與進步的連結便顯現了出來。我無意認為這便是他們所要說的一切，但我的確認為，特定的自由觀正是被挪用為特定強迫行徑的理論基礎與工具，而這讓我們這些一直以來都認為自己是進步性政治的倡議者與其產生了相當的聯繫。

在此脈絡下，我想要關注幾個摻雜了性政治與反穆斯林實踐的政治論辯場域。在這些場域中，與「自由」的進程相關的幾個特定概念，反倒加深了進步的性政治與反種族主義和反宗教歧視之間的政治隔閡。重新組織星叢能帶出的議題之一，便是特定的「自由」版本與其部署會被無知與脅迫所利用。最令人擔心的情況，便是女性的性自由或表達自由（freedom of expression）[4]以及同志族群之間的聯合（association）被用來反對穆斯林文化，並藉此再次確認了美國的主權與暴力。我們是否必須重思自由與其在進步敘事中的含義？或者，我們必須將自由重置於這類敘事限制之外？我的重點當然不在於拋棄作為規範的自由，而在於探詢自由是如何被使用，並思索如果拒絕將自由當成強迫的工具、如果自由能有其他有益於基進民主政治的意義，那麼，我們必須如何重思自由。

舉例來說，移民荷蘭的申請者被要求直視兩位男性接吻的照片，並回報這些照片是否侵犯到申請者，抑或是這些照片只是個人自由的表達，以及觀者是否願意居住在重視同志表達自由權的民主國家。[5]此政策的支持者主張，接受同性情慾跟接受現代性是同一回事。在這類案例中，我們能清楚看到現代性是如何被定義為與性自由相連之物，而同志的性自由更是被理解為對立於所謂「前現代」的文化進步。這樣看來，荷蘭政府似乎是為某個階級的人提供了特殊管道，並推測這些人是較為現代的。所謂的「現代」，還含括了下列不必接受測驗的團體：歐盟國民、尋求政治庇護的人、年薪超過四萬五千歐元的技術勞動人員，以及來自美國、澳洲、紐西蘭、加拿大、日本與瑞士的公民——在那些國家若非沒有恐同，不然就是「帶來可觀收入」這件事比「帶來恐同」的危害還重要。[6]

當然，在荷蘭，此運動已醞釀多年。歐洲政治中，將同志政治等同於文化現代性與政治現代性這則舉動，清楚體現在皮姆・富圖恩（**Pim Fortuyn**）這位公開反穆斯林的同志政治家身上——

4　譯注：通常譯為「言論自由」，然而，expression不僅指涉言語表達，如接吻或牽手就是情意的表達。

5　請見http://www.msnbc.msn.com/id/11842116的報導。此主張能在荷蘭移民與歸化局（Immigration and Naturalization Service）的網頁上找到，請見http://www.ind.nl/en/inbedrijf/actueel/basisexamen_inburgering.asp。請注意，最近這個政策有些許改動：若裸體影像與同性情慾影像會侵犯到宗教少數群體的信仰，便不會強制他們觀看。此議題在荷蘭與歐洲法庭上仍持續發酵。

6　二〇〇八年，為了展現對新移民社群的文化敏感度，荷蘭入籍測驗做了許多更動。同年七月，該測驗已被判為不合法。請見http://www.minbuza.nl/en/welcome/comingtoNL,visas_x_consular_services/civic_integration_examination_abroad.html, and http://www.hrw.org/en/news/2008/07/16/nether- lands-court-rules-pre-entry-integration-exam-unlawful

他於二〇〇二年夏季被基進環境主義者槍殺。類似的衝突也在梵谷的著作與死亡中展現，而梵谷主張的並非性自由，而是政治與藝術自由。我當然也贊成這類自由，但我似乎必須同時探詢，我至今不停爭取的這類自由，是否被當作工具來奠定特定的文化根柢，也就是特殊意義上的「世俗」，並被用來當作接受移民與否的先決條件。在接下來的部分，我會更進一步闡述這種文化根柢究竟為何、其如何作為超越性的條件與目的論的目標（teleological aim）而運作，以及其如何使得世俗與宗教之間任何單純的劃分變得複雜起來。

在荷蘭的例子中，一整組的文化規範彼此接合（articulated），被視作公民身分的先決條件。我們也許能接受這類規範總是存在，即便是向所有性別或性傾向、向所有人開放的完整公民參與和文化參與，都需要這類規範。但重點在於這些規範是否不僅以差別的方式接合在一起，還被當作工具，用來支持特定的宗教與文化先決條件，並排除別種先決條件。我們無法任意拒絕這種文化根柢，因為它是「自由」概念得以運作的基礎，甚至是其預設的必備條件；而自由是透過整組詳盡的形象（graphic images）所接合而成，代表了自由能夠及應該具備怎樣的形象。隨之而來的是一種悖論：強迫奉行特定的文化規範成了進入政體（polity）的先決條件，但此政體卻將自身定義為自由的化身。荷蘭政府是否透過其為同性戀性自由的辯護而積極介入公民教育？而這是否會對右翼白人至上論者（如弗拉芒利益[7]）造成挑戰——這些白人至上論者聚集在荷蘭與比利時的疆界，要求在歐洲周圍拉起「防疫封鎖線」（cordon sanitaire）來隔離非歐洲人。移民考試為何不是確保同志族群不會受到穆斯林少數族群「顯眼的行為」所冒犯呢？如果入籍測驗旨在助長荷蘭人對於不同宗教規範與性規範的文化理解，並施行新的教育方針與為達到此目標而實行的公共藝術計畫，那麼，我們也許能以不同的方式來理解「整合」（integration）[8]；但如果這項測驗是以如此強迫的方式實施的話，我們就沒辦法這麼想了。在前述案例中，我們不難發現以下問題：入籍測驗究竟是為了測試寬容與否，還是代表對宗教少數族群的攻擊？而這攻擊實際上是否為國家強迫少數族群拋棄其傳統宗教信仰與實踐，以換取進入荷蘭的資格？這種測驗是否是以自由主義的方式來保障我的自由？而我對此是該感到高興，抑或是我的自由成為強迫的工具，被用來讓歐洲保持「白」、「純淨」且「世俗」的同時，又不質問此計畫背後的暴力？別誤會了，我當然希望能在公共場所接吻。但我希望每個人都必須在獲得公民權之前，盯著並肯定我在公共場所接吻嗎？怎麼可能。

7　譯注：Vlaams Belang，原名為弗拉芒集團（Vlaams Blok），二〇〇四年改名為弗拉芒利益，比利時荷蘭語極右翼政黨，提倡種族主義、反對移民。

8　譯注：入籍測驗英文為 civic integration exam，直譯為公民整合測驗。

如果政體的先決條件是文化同質性或某種文化多元主義模型的話，那不管怎麼做，最終都會將人同化（assimilation）為一組內部自足且自立（internally self-sufficient and self-standing）的文化規範。這些規範間沒有衝突、不容置疑、不接觸別的規範，就連在許多規範匯集甚或無法交會的場域中也不容辯駁、不被中斷。這麼做是將文化預設為整齊劃一（uniform）且穩固的規範基礎，而非向論爭開放、在時間層面充滿動態的場域；這種規範基礎只在其整齊劃一或融入整體後（integrated）才得以運作，而唯有如此，所謂「現代性」才得以出現並掌控局勢。當然，我們已經可以看見，這種非常特定的「現代性」隱含了一種對論爭免疫的概念。現代性透過教條式的規範基礎維持自身，而我們在此已被引入屬於某種特定世俗形構的教條論。在此架構中，廣義上的個人表達自由仰賴於壓制對文化差異的流動性（mobile）理解，由此點明了國家暴力在施行排除政策以合理化穆斯林移民政策的過程中，是如何構築其文化同質性的。[9]

我之所以不運用現代性理論，是因為「現代性」這個概念太過籠統。在我看來，這類理論大多時候含括太多物事、太過概略，沒辦法妥善運用。除此之外，不同學門的人皆以「現代性」指稱非常不同的物事。我在此僅是點出這類理論在論證中的運作模式，而我的回應也僅針對上述用法。然而，追溯「現代性」的論述用法是有道理的，這與供給理論是兩回事。從此面向來看，現代性並非指涉文化多樣性或在流動中（in flux）充滿動態與批判力度的規範，亦非不同文化間接觸、翻譯、匯集（convergence）或分歧（divergence）的樣本。

一旦藝術表達與性自由都被理解為這種現代性發展觀的終極象徵，且被構想為某種世俗主義形構所支持的權利，「爭取性自由」與「反種族主義和反對反穆斯蘭情感與行徑」這兩種努力，似乎就免不了分道揚鑣（disarticulate）。在先前概述的架構中，這類奮鬥似乎沒有團結的可能——即便我們當然能指出現存的結盟（coalition）來質疑此邏輯。確實，根據這種看法，對性表達的爭取必須奠基於限制並預先排除宗教表達的權利（如果從自由主義的架構來看的話），而這便在自由主義權利論述中製造出一種二律背反（antinomy）。但在我看來，還有某些更為基礎的事情正在浮上檯面：自由主義式的自由現在被理解為仰賴於某個霸權文化（亦即所謂的「現代性」），而這種文化則奠基於某種「逐漸增多的自由」（increasing freedoms）的進步論述。這種「文化」的非批判向度被視為自由主義式自由的先決條件，但卻反過來成為批准文化仇恨與宗教鄙夷的文化基礎。

9 請見馬克・德・里烏（Marc de Leeuw）與松雅・馮・韋社林（Sonja van Wichelin），〈「拜託醒醒吧！」臣服、希爾西・阿里與荷蘭的「反恐戰爭」〉（“‘Please, Go Wake Up!’ Submission, Hirsi Ali, and the ‘War on Terror’ in The Netherlands,” *Feminist Media Studies* 5: 3, 2005）。

我的重點並不在於以性自由取代宗教自由，而是質疑這整個論述架構；這種架構預設，所有對恐同與種族主義所進行的政治分析都不可能超越這種自由主義的二律背反。此處的重點在於這類奮鬥能否產生交集或聯盟，或是質問反恐同是否必然與反文化種族主義、反宗教種族主義相互矛盾。如果這種互斥的架構成立的話——而我傾向認為，這種架構是侷限的個人自由觀和侷限的進步觀結合產生的結果——那麼，性進步論者與宗教少數似乎便沒有文化接觸的可能，兩者間的相逢只剩下暴力與排除。但如果以批判國家暴力與闡明其強迫機制來取代自由主義的個人自由觀，我們便很有可能獲得另一種政治架構，而這種架構指涉的不僅是「現代性」，還指涉我們所生活的「此時此刻」。

湯瑪斯．佛萊德曼（Thomas Friedman）在《紐約時報》中主張，穆斯林尚未成就現代性，並認為穆斯林仍處在文化發展階段中某個幼稚的狀態，而代表成年規範的則是像他這樣的評論者。[10]在此意義上，穆斯林被構想為不屬於這個時代或我們的時代的族群；他們屬於另一個時代，而那是個因時代錯置而在此時出現的時代。但這種觀點不就恰恰拒絕了將「這個時代」設想為單向線性發展的唯一時代或唯一故事嗎？這個時代是許多歷史的匯集，而我們通常都沒有將這些歷史聯想在一起，其匯集或缺乏匯集因而呈現出定義我們時代的一系列窘境。

我們在法國也能找到類似的張力。在法國，性政治的問題也跟反移民政治產生了某些不幸的交集。當然，美法兩國的處境有非常大的差異。在當代法國，公開反對新移民社群的文化以選擇性的方式，從性政治論爭中挑出特定規範理念。舉例來說，在法國占主導地位的意見依靠從新性政治延伸出的「契約權」，同時又在這些權利威脅到父系親屬關係以及民族陽剛規範時限制這些權利。「文化」和「政教分離」（或世俗主義）[11]兩種觀念的運作方式非常不同，而我們能看到某種看似進步的性政治又是如何再次被視作實現了世俗自由的同時，以同樣的「世俗自由」作為規範，使得來自北非、土耳其與中東的少數族裔與宗教社群被排除或極小化取得完整公民權與法律身分的可能。確實，實際處境遠比這則分析來得更為複雜，因為文化與象徵法律密不可分——雖然文化被視為自由進入自由聯合體的根基，但也同時被用來限制同志族群領養孩童或限制其接觸生殖科技的管道，因而在承認契約權的同時，又拒絕挑戰既定親屬規範。這種論述使得法國民事

10 湯瑪斯・佛萊德曼，〈外交事務：真正的戰爭〉（*Foreign Affairs: The Real War*），《紐約時報》，二〇〇一年十一月二十七日，A19。

11 譯注：政教分離（laïcité）強調的是國家必須對其公民信仰保持中立，而世俗主義（secularism）則是主張將宗教的成分抽除，兩者並不一樣。舉例來說，要求穆斯林婦女不得在公共場所戴頭巾（Hijab），這有可能是世俗主義者的主張，但卻無關政教分離。巴特勒之所以寫「（或世俗主義）」，也許是因為英文中沒有相對應的詞，為了方便英語讀者理解才加上的。

伴侶契約制度（pacte civil de solidarité，簡稱PACS）贏得法律的勝利。這套處在合法伴侶關係中的雙方無論性別皆適用的制度，奠基於個人依其意願簽訂契約的權利，並更進一步拓展這些權利。[12]然而，一旦廢除了這種自由的文化先決條件，法律便會介入以維護或甚至強制要求該文化整體性。

我們從法國期刊與報紙上的諸多意見不難看出，許多人認為同志育兒有可能會導致孩童罹患精神疾病。打從一開始，法國共和黨對民事伴侶契約制度的莫大支持，便是奠基於排除在異性戀規範之外的領養權或育兒結構。在報紙和公共論述中，社會心理學家主張，同志育兒（以及包含單親媽媽）有可能會對孩童所需的成長架構造成影響，因而無法（一）知道並理解性別差異，以及（二）在文化世界中獲得指引（orientation）。他們假設，沒有父親就沒辦法理解文化中的陽剛特質，而如果是個男孩，這就會使他無法體現他的陽剛。這論證預設了許多事，但最主要是預設父親的身分是複製陽剛的唯一或主要的文化工具。即便我們接受這種充滿問題的規範主張，即男童必須複製陽剛（而我們有極多大好論據能質疑這種預設），但實際上，每個小孩都能夠接觸到在文化中體現並傳遞出來的種種陽剛性格。誠如拉普朗虛（Jean Laplanche）在構築出一種不同於伊底帕斯三角關係的精神分析框架時所言，「成人世界」從諸多管道將其文化印記烙印於孩童身上，而孩童無論男女都得摸透並面對這些規範。但在法國，所謂「指引架構」或「標竿」（le repère）卻被認為是只有父親能傳遞的物事。然而，如果孩童有兩個父親，或有一位時而缺席的父親或甚至沒有父親，這種象徵作用便會受到威脅或甚至消失殆盡。我們必須謹慎一點，不要被引入這些詞彙的爭論，因為這完全搞錯了重點。如果我們陷入這場戰鬥之中，那我們當然可以回答道，陽剛當然可以由另一個性別的家長所體現並與孩童交流。然而，如此主張便承認在性別再生產與交流的文化場域中，家長不但扮演主要角色，而且這個獨特的角色必須由家長來承擔。但我們為何得接受這種觀點，並認為缺乏體現出陽剛的單一指涉便沒有這方面的文化指引呢？這種立場將父親獨有的陽剛性格變為文化的超越條件，卻沒有將陽剛與父職視作一系列缺少連結（disarticulated）、多變且有顯著差異的文化實踐，並對其進行反思。要理解這場論辯，就必須謹記法國的父系制度是由民法中的親屬關係權利所保障。只要異性戀婚姻仍壟斷生殖領域，異性戀婚姻便能透過這點來賦與生理父親優位，將其視為民族文化的代表。[13]

---

12 D．伯希羅（D. Borillo）、E．法桑（E. Fassin）與M．雅庫（M. Iacub），《超越PACS》（*Au-delà du PACS*, Paris: Presses Universitaires de France, 2004）。

13 請見艾希克．法桑，《同性情慾問題的反面》（*L'inversion de la question homosexuelle*, Paris: Éditions Amsterdam, 2006）；以及迪迪耶．法桑與艾希克．法桑，《從社會問題到種族問題？》（*De la question sociale à la question raciale?*, Paris: La Decouverte, 2006）。

因此，性政治的論辯不免與新移民社群的政治相連，因為兩者都奠基於文化的根本觀念，而這是分配基本法律權益的先決條件。如果我們將這些文化觀念視為世俗的，那我們也許沒有足夠的詞彙，能夠理解形構這些文化觀念的傳統，種種觀念仍持續受此傳統影響，抑或無法理解維繫住這些觀念的力量。在這裡很清楚的是，許多心理發展理論皆認為民族文化的父系條件構築出「成人的規範」，而這種規範則是取得公民權的先決條件。正是因此，二〇〇六年法國社會黨派出的總統參選人賽格琳・賀雅爾（Ségolène Royal）也加入候選人尼古拉・薩科齊（Nicolas Sarkozy）[14]的陣營，同樣主張二〇〇五年之所以爆發郊區暴動[15]，是直接受到新移民社群對家庭結構所帶來的變質所影響。[16]在此脈絡下，「幼稚」這個主題又重新浮現了出來，要我們將伊斯蘭少數族群的政治表達視為失敗的心理—文化發展。這類論證與湯瑪斯・佛萊德曼的世俗現代性論調一致，皆認為「家長」代表的是完整發展的成人。時代錯置的穆斯林在此被視作發展永遠受阻的孩童。家庭政治、即便是異性戀的家庭秩序，都被用來確保奠立法國文化處在現代性尖端的時間順序。這種版本的現代性之中有種奇怪的處境：某種難解的發展法則在個人意願自由上設了限制，但契約形式卻能幾乎毫不受限地拓展自由。換句話說，契約受用於所有出於自願的成人——民事伴侶契約制度的法律成就相對被正常化，適用於異性戀與同志伴侶。但這類伴侶關係必須與親屬關係嚴格區分開來，因為親屬關係先於且限制了契約形式。許多人以「象徵秩序」

（l'ordre symbolique）指涉這類親屬規範。「象徵秩序」的確能在公共論述中發揮作用，且此秩序正是被許多人保護；它保證了契約關係，正如同它也必須避免這些關係得到充分的發展。在我看來，這種秩序究竟是否是徹頭徹尾的世俗，這是另一個問題，而且是開放的問題；但我們有許多原因能質疑這類秩序在多大程度上傳播並維繫了特定的、占主導地位的天主教神學概念。這點在人類學家法蘭索瓦斯・愛西提耶（Françoise Héritier）的著作中再清楚不過。她從天主教的立場主張，象徵秩序不但有神學的根源，更是心理—社會發展的先決條件。

14　譯注：薩科齊與賀雅爾的政黨不同，他是共和黨成員，曾在二〇〇二到二〇〇四、二〇〇五到二〇〇七擔任內政部長，二〇〇七年到二〇一二年則擔任法國總統。

15　譯注：二〇〇五年十月二十七日，法國警方接到民眾電話，請其前往巴黎郊區克里希蘇布瓦（Clichy-sous-Bois）調查一起疑似非法闖入的案件。警方到場後，有三名青少年藏到變電所中躲避警方，六名青少年被拘留。這六名青少年被警方盤問時，警局與周遭地區突然跳電。據警方表示，引發跳電的原因是那三名躲在變電所中的青少年：貝納（Zyed Benna）與塔歐黑（Bouna Traoré）慘遭電死，而阿堂（Muhittin Altun）則因電擊而休克。這場事件引爆法國少數族裔與中下階級許多人的不滿，認為當局不但不停騷擾他們，更是忽視長期的失業，因而爆發了一連三週的暴動，而當局也在十一月八日宣佈了為期三週的緊急狀態（l'état d'urgence）。共有兩千九百餘人被逮捕，三人死亡。

16　《解放報》（*Libération*），二〇〇六年六月二日，http://www.liberation.fr/actualite/evenement/ evenement1/371.FR.php

在法律上拒絕同志育兒的權利，往往與反穆斯林的國家政策不謀而合，兩者皆支持特定的文化秩序，而這種秩序則讓異性戀規範與種族主義文化觀緊密相依。這種父系的民族主義秩序，在在遭受所謂新移民社群的親屬關係所威脅。輿論認為，這些新移民社群無法維護婚姻的父權與婚姻基礎，因而使其文化特徵變得難以理解，且無法在該文化中生產出「『知』的導引」（knowing orientation）。當然，這則批判中最唐突的點在於，郊區家庭中的父親缺席的原因，除了可以在社會主義者與其右翼仇敵身上找到之外，當代移民法律本身亦需要對此負起部分責任。畢竟，是法國政府自己把孩童與家長分離開來，讓家庭不得團聚，且不給與新移民社群適當的社會服務。某些批評家甚至指出，提供社會服務無異於閹割國家。

精神分析師米歇勒·史奈德（Michel Schneider）便持此看法。他在提出文化評論時公開表示，國家必須取代缺席的父親，但不是透過福利政策做到這點（因為福利政策被構想成變形為母職的國家），而是透過法律、規訓，以及強硬的處罰與監禁。[17]在他看來，只有這麼做才能保障公民身分的文化基礎，亦即要實施特定自由觀時所必備的文化基礎。因此，國家政策雖然製造出極端階級差別待遇、就業市場中隨處可見的種族主義、分裂家庭以避免孩童受到穆斯林文化影響，並把「郊區」隔離為種族化貧困加劇的場址，但都能透過這類解釋而免於責難並消聲匿跡。如二〇〇五年的反種族主義抗爭，其抗議的是財產關係而非個人，但通常卻被詮釋為年輕人暴力且不負責任的行動，而這些年輕人之所以如此，是因為家庭結構缺乏堅實的父系權威。[18]這類論述主張，在少數族裔的家庭與文化中缺少了作為禁令的「不行！」，因此國家在這種情況下必須作為補償性的父系權威而行動。國家發展出一系列的原因來規範郊區的家庭與學校，而這便更加證明國家是以增強並擴張在各層面的生命政治以及親屬規範之權力，來回應這類暴動。因此，我們也許能得出以下結論：在根本的層面上，能否享有奠基於契約的「自由」這問題，受到那些有可能將契約擴展得太遠的「自由」所限——「太遠」的意思是指，擾亂了契約論本身的文化先決條件。換句話說，家庭形構或親屬關係中的這類「擾亂」並不支持父系制度和隨之而來的公民規範，但這種種擾亂卻合理化了國家的禁令與規範，將國家權力擴大為父親的形象。換句話說，國家成為那缺席的成人、那指涉某種奠基於暴力的「成熟」之文化戀物（cultural fetish）。

這些規則除了將文化定義為由異性戀家庭所支撐，同時也奠定了公民身分的先決條件。在法國，這些規則形構出政教分離的基礎，並讓國家能有根據地保護人權不受外部的文化入侵所

17　米歇勒．史奈德，《大媽：政治生活的精神病理學》（*Big Mother: Psychopathologie de la vie politique*, Paris: Odile Jacob, 2005）。

18　相關討論請見那西哈．居埃尼夫—蘇伊拉瑪（Nacira Guénif-Souilamas）所編的，《被移民揭開真面目的共和國》（*La république mise à nu par son immigration*, Paris: La Fabrique Éditions, 2006）。

影響，同樣的規則也同時以類比於教宗的方式，從神學觀點出發，譴責同志育兒與穆斯林宗教實踐。無論是法國或是教宗的案例，文化的特定規則或法律都在家庭、親屬以及可受肯認的場域中，替契約關係設下了限制。這種平行現象點出了這種文化觀的問題：文化是否屬於世俗現代性的一部分？象徵秩序追根究柢是否是個世俗的概念？如果是的話，那這是否意味著世俗主義有其不純潔（impurity）之處？特別值得質疑的是，象徵秩序將一系列構築出文化的規則連繫並統一起來，但這種秩序本身究竟是否與治理親屬關係的神學規範並肩運作？有趣的是，這種觀點其實與教宗的觀點差不了多遠。教宗深信，唯有異性戀家庭能將性別維持在其自然的位置，而神聖秩序便銘刻於這種自然的位置之中。[19]雖然在法國，性差異的普世必然性正是由「文化」這個概念所傳遞出來，並將其理解為陽性與陰性間的確切差異，但在今日的天主教神學中，我們卻發現「家庭」不但需要兩個分離的性，還必須將性差異的體現與複製視作文化與神學的必然性。

二〇〇四年，拉辛格成為教宗以前，在〈致天主教會諸位主教的一封信：關於男女在教會與世界的合作〉（*Letter to the Bishops of the Catholic Church on the Collaboration of Men and Women in the Church and the World*）中，提出了兩種處理女性議題的進路。[20]他主張，第一種是維持與男人間的對立關係。第二種則似乎屬於新的性別政治，將性別視為可變動的社會功能。拉辛格如此描述第二種女性主義流派：

為了避免其中一方宰制另一方，兩性間的差異便容易遭受否認，僅被視為歷史或文化條件所導致的效果。從這觀點來看，生理差異（也就是性）便被極小化，而純粹的文化元素

19　拉辛格〔譯按：Joseph Aloisius Ratzinger，即本篤十六世的本名〕明確指出，他所持的性差異學說根植於創世紀的故事之中，而正是這故事奠定了男人與女人的「真理」。因此，他對企圖「摧毀」真理的同志婚姻之反對，也與其隱含的創世論有所關聯。我們可以單純地回答，沒錯，你所說的男女真理根本不是真理，而我們之所以要摧毀它，是為了讓更為人道、更為澈底的性別實踐得以出現。但這樣回答只不過是重申那種讓任何分析都不再可能的文化分裂。也許我們需要從創世紀的故事開始思索，並看看是否可能有別種閱讀。也許我們需要問一下拉辛格接受哪種生物學，而他所支持的生物學理論是否認為同性情慾屬於人類性變數之中某個良性的面向。他認為社會建構論同時否定並超出生理差異的範圍，而這似乎就使他開始以神學的角度閱讀社會建構論，因為「超越」應該是要在性的「聖化」，也就是性「超越的運作」之中尋得的。我們是否可以讓拉辛格知道，他為異性戀所保留的、為了繁衍後代的「超越」意涵，實際上與他所講的生理差異沒有不同？除了摸透拉辛格心中的生理學解釋究竟為何以外，同樣重要的是，我們也必須理解他亟欲抑制的社會實踐，包含同性伴侶的公民結合，是否也受任何生理學運作所規定或禁止。重點不在於否認生理學並投入自主性的自我塑造（voluntaristic self-making），而是探詢生理學與社會實踐之間的關係究竟為何。教宗在近期指出，性別的社會建構論可與雨林的毀滅相互類比，因為兩者都企圖否定創世論。請見〈思索性別讓教宗陷入困境〉（“Meditation on Gender Lands Pope in Hot Water”），《獨立報》（*Independent*），二〇〇八年十二月二十三日；以及安潔拉・麥克羅比（Angela McRobbie）從女性主義的角度做出的回應，〈教宗其實並不怎麼反對〉（“The Pope Doth Protest Too Much”），《衛報》，二〇〇九年一月十八日。

20　http://www.vatican.va/roman_curia/congregations/cfaith/documents/rc_con_cfaith_doc_20040731_collaboration_en.html

（也就是性別）卻被極大化且被視作主要的考量。模糊性差異或性的二元性在各個層面上都會產生極為嚴重的後果。這種人類的理論雖希望從生理決定論之中解放出來以爭取女性的平等，實際上卻啟發了許多意識形態：質疑家庭、不信任自然的父母雙親結構，而在這種新的「多樣態性慾特質」（polumorphous sexuality）範本中，同性情慾與異性情慾基本上是一樣的。[21]

他還再補充道，第二種處理女性議題的進路，根植於某種動機：

人類企圖從自己的生理學制約中解脫出來。根據這種觀點，人性本身並不擁有任何絕對的特質：眾人皆可也應該依其所好建構出自己，因為在本質的建構（essential constitution）中，沒有人會被預先決定。[22]

在法國，許多人認為文化本身便是奠基於父系的異性戀家庭，而這點在以下概念中再清楚不過：沒有異性戀家長的孩童不但無法獲得認知指引，還會被公民身分的文化與認知先決條件給預先排除。這部分解釋了法國為何能夠在透過民事伴侶契約制度延伸契約權的同時，又反對同志育兒合法化。法國認為，新移民社群缺少強大的父親形象，而要完整地享有公民權則必須臣屬於由父親體現出來的法律。對某些法國政治家來說，如此分析便使他們總結道，沒有強大父親的家庭必須由國家介入規範。而正是這種想法使他們透過新移民政策使新移民社群骨肉分離，這類法律以父親為重，因此亦著重於象徵家庭（symbolic family），即便這代表摧毀現存的家庭。

如果教宗是援引文化的自然法則來反對同志情慾與非異性戀的育兒安排，那麼，當他談及文明時，他則是間接地否定穆斯林。在二〇〇六年年尾，教宗公開援引了一份文件，其中有這類譴責穆斯林的言論：「讓我看看穆罕默德帶來過什麼新東西，你只會找到邪惡與非人之物，例如他要求用劍來傳播他的信念。」[23]拉辛格主張，這段言論並不是他所說的，他只是引用而已。但如果我們仔細檢視他的演講，那情況就很清楚了：他引用這段話，並與這段話保持距離，接著再用這段話來警告穆斯林代表的文明威脅。當然，我們有很多種方式來理解這令人震驚的宣言，最明

21　同前注。

22　我個人不認同上述任何一種立場，但我們還有什麼別的進路嗎？拉辛格在此談論這幾種立場，但卻沒有標示出處，所以，雖然他應該讀過某些著作，卻無法提供任何文本證據來支持其主張。當然，他有引述《聖經》，但就我的研究所及之處，他沒有引述任何挑戰或威脅經文的著作。

23　〈信念、理性與大學：回憶與省思〉（*Faith, Reason and the University: Memories and Reflections*），二〇〇六年九月十二日於雷根斯堡大學（University of Regensburg）發表的演講。演講與事後的解釋請見：http://www.vatican.va/holy_father/benedict_xvi/speeches/2006/september/documents/hf_ben-xvi_spe_20060912_university-regensburg_en.html

顯的就是直接指出基督宗教這幾世紀以來，為了傳播其信念而造成了多少傷亡。但我在此想先談談「非人」這個詞，因為它與「邪惡」一併使用，而我們早先已經釐清教宗腦中所想的「人類的文化根柢」是什麼。

除此之外，《古蘭經》嚴禁使用劍來強迫別人信教，在此情況下，「劍」便成了一種移情（transference）的詞彙：如果劍曾被用來強迫別人改宗，那這把劍不就是基督宗教的嗎？正因為劍並非當代的武器選擇，因此這詞便表露了某段神話時期，宛如某種部族的古語，並成為這則幻想的核心。我還可以長篇大論下去，但我在此只想先點出「劍」這個字是如何顛倒了歷史，以及這個字具備何等強大的意識形態力量，能讓我們將人與「非人」和「邪惡」區分出來，彷彿「人」是尤太—基督宗教所支持的，而「非人」與「邪惡」則是遠離這文化的後果。正如由瑞·阿維內里（Uri Avnery）所言，我們要切記，穆斯林在尤太人群體之中從未遭受迫害，是在天主教徒征服西班牙之後穆斯林才失去權力。宗教裁判所同時反對穆斯林與尤太人，而塞法迪尤太人（Sephardic Jews）[24]有整整五十個世代都生活於阿拉伯國家。[25]

當教宗指涉這把由「不那麼人」的人所揮舞的「劍」的時候，我們不禁感到好奇：在這奇怪的陳述之中，歷史是如何顛倒、錯位以及抹除？這如同夢中囈語的主張，反倒與它所鄙視及拒認的對象站在同一陣線。的確，教宗對穆斯林發表的言論行使了這種拒認與錯位。這就彷彿教宗在說：「我說了，我沒有說這些東西；我是引用這段話，說的人是別人，所以這段話有其權威；這是那些人發起的侵犯（aggression），也是在他們的侵犯之中游移的我的侵犯——雖然我並無意侵犯他們。」教宗所說的穆斯林的侵犯形象，其實是基督宗教自己的侵犯，而在某個時刻這兩種形象交匯，無法再維持住穆斯林與基督宗教之間的區隔。當然，教宗要強調的正是兩者間的區隔，他要明確、不帶有一絲疑慮地分出兩者。但他的語言顛倒了他的論證，而這顛倒打從他以奇怪的方式同時挪用並拒認他引述的話時，便開始了。這則悖論同時有其社會甚至精神分析的效力，但同時似乎也源自特定的發展觀與文明進程（在此我們必須將文化與文明分開來，而文明除了源自民事法庭對教會權威的取代之外，也透過論述來匯合特定的宗教理念與世俗理念）。

現在，我們似乎該以純粹世俗的方式來抵抗前文所提及的論述。但我不太確定我們那些世俗主義的觀念是否早已含有宗教的內容，或採行這類立場的人，是否真的援引了一種沒有宗教成分摻雜其中的世俗主義（也許，只有在想要與特定宗教區隔開時，世俗主義才具有意義，但這問題範圍太廣，我在此脈絡下無法論及這麼多議題）。在此脈絡下，我傾向認為，世俗主義有許多不

---

24 譯注：十五世紀以前從伊比利亞半島遷居西班牙並奉行西班牙尤太生活慣習的尤太人。

25 〈穆罕默德的劍〉（*Muhammad's Sword*），二〇〇六年九月二十三日，http://zope.gush-shalom.org/ home/en/channels/avnery/1159094813/

同的形式，而這之中有許多形式都採取了絕對主義和教條論，這與仰賴宗教教條的學說一樣有問題。事實上，若要採取批判的觀點，便無法完美地在宗教和世俗之間劃出界線。

法國的文化觀，即把文化自身理解為「世俗」的觀點，顯然與教宗的主張有異曲同工之妙。教宗是奠基於宗教的立場發言，而我們明顯能看到許多不同的宗教反對其觀點，這處境便讓我們不得將世俗主義理解為批判的唯一泉源，也不能將宗教視作教條主義的唯一泉源。如果宗教是將各類價值連接起來的關鍵原本（matrix），而在此條件下全球的大多數人都仰賴宗教來引導他們思索價值問題，我們若主張宗教必須無時無刻都被超克，那便無異於犯下政治上的過錯。宗教不只是一系列的信念或教條式的觀點，反倒在主體形構過程中扮演原本（matrix）的角色，且不會預先決定主體最終所採取的形式，換言之，宗教是一種論述的原本，除了能連結或駁斥不同的價值，也是論辯的場域。同理，把世俗主義當成獨立物來接納也是說不通的，因為世俗主義流派的多樣性之定義通常取決於它們斷絕哪些特定的宗教遺產。然而，有時世俗主義只能透過拒認特定的宗教傳統來達成其定義，但這拒認是不完整的，因而宗教也持續支持其表面上看似「後宗教」的主張。我想，以「世俗尤太人」這個不矛盾的立場為例，就已經清楚表明這點。我們在對宗教少數群體的差別待遇中也能看到這種世俗主義的框架，因為法國的政教分離正是透過反對教會權威侵入國家事務而建立起來。是否該禁止女童在公立學校穿戴面紗的辯論，似乎將這種悖論一舉釋放。[26]「世俗」的觀念把對穆斯林宗教實踐的無知與仇恨觀點集合起來（例如認為面紗表現了女人比男人劣等，或穿戴面紗便與「基本教義派」站在同一陣線），而此時政教分離便不再是協調且容許文化差異，而是將特定一組文化預設結合起來，並對文化差異的排除與賤斥產生深遠的影響。

探詢以「世俗進程」作為思考此時的性政治之時間架構究竟意指為何？這問題構成本章的開頭。至此，我認為，問題已經不再是向前看與否（我當然也展望未來！），而是世俗主義的發展觀並無法成功接續宗教，反倒再次援引宗教作為此發展觀的文化與文明之命題。一方面，法國的世俗主義所譴責與超越的宗教內容，也同時被這種世俗主義援引來賦與「文化」定義。另一方面，教宗權威則是訴諸另一種不同的架構，並預設其為永恆且具有約束力的架構，同時屬於文化與神學層面，認為其中一個領域的不變性也適用於另一個領域。這些與荷蘭公民整合的觀念不盡相同，但也許兩者間有如同幽魂的共鳴（phantom resonances）之異曲同工之妙，值得更進一步探究。當然，重點不在於進程本身或甚至未來，而是特定的發展敘事在特定的排除與迫害規範中，

26　譯注：法國長期以來皆有強硬的世俗主義者主張穆斯林女童在公立學校禁止穿戴面紗，主張者之中亦不乏認為面紗代表「落伍」與「不自由」的「女性主義者」。

同時成為文化的先決條件與目的論。文化被框構為超越的條件與目的論，因而在這些案例中皆只會生產出怪獸般的鬼魂，外於其時間的可思性（temporal thinkability）之架構。在其目的論之外，仍存在著某種廢墟般、即將到來的未來感，而在超越條件之下則潛伏著某種脫離常規的時代錯置，這種時代錯置早已使政治的當下碎解，並在世俗框架之中響起警鈴。

我寫這些是為了能批判地理解美國政府當前宣傳的穆斯林論述，並對其提出政治異議。這讓我們注意到另一種論述，也就是所謂「文明化任務」。此處篇幅不足以描繪這種論述的邏輯，亦無法追溯這類論述與前述其他發展模式之間的相互呼應。但也許在此仍值得簡短點出，美國的文明化任務其實同時含括了世俗與非世俗的觀點。畢竟，布希總統告訴我們，他是由上帝所領導的，而無論如何，他在行使超出法律（如果不是犯罪）的行為時，便是利用此論述來合理化其行動。世俗框架與文明任務（我們幾乎無法辨明這任務究竟世俗與否）似乎同時都被當作進步的立場，並使其有權將「民主」概念帶給那些「前現代」的人，傳遞給尚未世俗化的自由主義國家，並將民主賦與那些奉行「幼稚」、「狂熱」或以顯然非理性、原始禁忌所構築而成的宗教觀之人。這文明任務，正如薩謬爾．杭亭頓（Samuel Huntington）所言，本身便明顯是宗教與世俗理念的混合體。杭亭頓主張，美國代表他以某種自大的語氣所說的「西方」，已經歷現代化並成就許多超越並能含括不同宗教立場的世俗準則，不但更為進步亦更為合理；因此，美國也更加具備民主審議與自我治理的能力。[27]然而，杭亭頓所信奉的民主理想，同樣也表現出了尤太—基督宗教傳統的價值，認為別的宗教傳統都外於現代化的軌道之外，唯有此傳統構築出文明及其對未來的「傳教任務」。

如果在近幾年與當下的戰爭中殞落的穆斯林不被當作人，或是「外於」讓人類得以出現的文化條件，那麼，他們要不是屬於某種文化的幼年時代，就是屬於某個外於我們所知的時代。無論持哪種觀點，穆斯林都不被認為他們已是「理性的人類」。而隨這種觀點而來的，便是認為抹除這些人、其基礎建設、居所、宗教和社群機構等，都只是抹除人類的威脅而非抹除人類自身。除此之外，正是這種進步史觀的自大將「西方」認定為能夠將人類的典範準則（**paradigmatic principles**）連結起來的場域。這些準則包含：哪些人是值得重視的、誰的生命值得保護、誰的生命是危脆的，以及誰的生命消逝時值得公開弔唁。

最後，容我再次討論刑求問題，並由此回到時間性與重思文化差異的問題。首先，我認為美國的刑求計畫是奠基於某種貧乏的人類學資源。國防部在一九七〇年代指派其成員閱讀《阿拉伯

27 請見薩謬爾・杭亭頓，《文明的衝突?》（*The Clash of Civilizations?: The Debate*, London: W.W. Norton & Co. Ltd, 1996）；以及《我們是誰?美國民族認同的挑戰》（*Who Are We? The Challenges to America's National Identity*, New York: Simon & Schuster, 2005）。

心智》（*The Arab Mind*），而這本書認為這種「心智」確實存在，且我們能夠以阿拉伯裔的宗教信仰與特定的性弱點來發現其特徵。[28]該文本所採用的文化人類學認為文化是自足且獨立的，不認為文化與社會形構過程中有受到全球性的混雜（global mixing），且主張文化自身超出道德判斷並能容忍不同的文化。將龐大的阿拉伯生活化約為「阿拉伯心智」替美軍製造出現成的對象，讓他們得以在喬佛瑞．米勒將軍的指導下針對「阿拉伯心智」行使刑求。當然，阿拉伯心智從來就不存在。阿拉伯世界的地理複雜程度與橫跨整個世界的構想，都使我們不可能將同樣的恐懼和焦慮化約為「阿拉伯心智」。既然如此，《阿拉伯心智》這文本就必須得建構出它得以操控的對象。該書必須設計出一套策略以便從這個「心智」中抽取資訊，而這些策略也被套用在我們已看到的和其他媒體形式尚未呈現出來的諸多刑求場景之中。

設計這些刑求計畫的人想理解穆斯林社群中特定一群人所獨有的脆弱性，並將其計畫發展為某種「性針對」（sexual targeting），同時展現出了宗教的偏執與仇恨。但我們必須謹記，穆斯林主體亦是透過刑求所構築而成，而那些人類學文本與刑求計畫都是軍事論述中主體生產的一部分。我在此想謹慎一點，請容我再次梳理這條公式：刑求不僅是想要以預先設想的文化形構來羞辱阿布格萊布監獄和關塔那摩灣的囚犯，也同時是強制生產出「阿拉伯主體」與「阿拉伯心智」的方式。這也就是說，不管眾多囚犯複雜的文化背景為何，他們都被迫體現出該人類學文本所描述的文化簡化行徑。我們必須謹記，相較於該人類學文本的主要探討對象（subject），該文本本身在認識層面上並不占有較優越的位置。該計畫的一部分便是強迫生產出他們所構想的主體（subject）。但他們究竟為何要這麼做？這是我們探詢的問題。

主流媒體中常見的論爭並沒有含括上述觀點。大致來說，主流媒體中有兩種在自由主義架構中思索這類議題的方式。首先是以文化權和文化侵犯的角度提出主張，認為在安排好的性羞辱與生理羞辱場景中，阿拉伯族群特定的性弱點遭到美方利用與剝削。第二種立場則主張，我們必須要從規範的角度來譴責刑求，毋需援引文化，因為無論刑求是針對誰或是由誰發起的，這行為本身就是錯的，因而也須接受懲罰。美國記者賽木爾・賀雪（Seymour Hersh）所持的便是強調文化權的觀點，[29]並主張刑求過程中侵犯了特定的文化，而這類侵犯主要有幾個方面：逼迫違反衣

28 請見拉非爾・巴太（Raphael Patai），《阿拉伯心智》（*The Arab Mind*, revised edition, Long Island City: Hatherleigh Press, 2002）。

29 請見賽木爾・賀雪，《指揮鏈：從九一一到阿布格萊布監獄之路》（*The Chain of Command: The Road from 9/11 to Abu Ghraib*, New York: Harper-Collins, 2004）；以及〈灰色地帶：五角大廈的祕密計畫是如何到達阿布格萊布監獄的？〉（*The Gray Zone: How a Secret Pentagon Program Came to Abu Ghraib*），《紐約時報》，二〇〇四年五月二十五日，http:// www.newyorker.com/archive/2004/05/24/040524fa_fact

著要求、同性情慾禁忌與在公共領域暴露與羞辱。除此之外，刑求也瓦解了性差異的社會符碼，強迫男性穿著女性內衣，並強迫女性裸體以羞辱女性。

這些理解刑求的架構都是必不可少的，但追根究底仍有所不足。的確，在刑求中顯然有特定的文化受到侵犯，且無論根據哪種規範架構來看，刑求都是錯的；但我們必須將這兩種觀點納入更大的架構，藉此理解這些性貶低與生理刑求的場景是如何成為文明化任務的一部分，更有甚者，我們也要理解在這些場景中，美軍是如何取得建構刑求主體的絕對控制。如果我們要知道將阿拉伯主體生產為特定的性脆弱與社會脆弱的交集，究竟有什麼風險，我們就必須知道美軍與戰爭究竟賦與其什麼主體位置。如果我們要談論「特定的文化」，也許得先著手於美軍的特定文化，包括顯著的陽剛主義與恐同，並追問美軍為何一定要將大多數的穆斯林人口那「原始的禁忌與恥辱」視為其戰爭目標。我認為，在此脈絡下發生的是一場文明戰爭，並將美軍視作性進步的文化。美國軍方認為自己在性方面較為「進步」，因為他們能閱讀情色作品或強迫囚犯閱讀這些東西，而且他們透過瓦解刑求對象的禁忌來超克自己的禁忌。

美軍這明顯的「優越性」不只表現在其發動軍事戰爭的能力之中，也不僅止於對假定的穆斯林性準則與道德準則發起戰爭，更在透過刑求計畫來強迫建構出阿拉伯主體的能力中，表現得一覽無遺。重點不僅是瓦解穆斯林的文化準則，還在於建構出被強迫打破準則時，也會一同瓦解的主體。我們是否應該追問：在這種情況下，有哪些主體不會隨之崩解？也許，刑求者認為受刑求者澈底遭受滲透（radical permeability），而自己免於遭受滲透（impermeability），但這種假設也無法否認這根本的事實——所有具有身體的生命都必定會被滲透。更精確一點來說，對美軍而言，打破這些準則本身便是一種宰制的行動，但同時也是一種行使自由並展現自由的方式，而這種自由既無法（lawless）又具有強迫性質，最終不但代表、甚至成了整個文明化任務的標準。但話又說回來，根據杭廷頓與「阿拉伯心智」理論家的觀點，如果在「內部」沒有穆斯林的話，便沒有所謂文明可言。然而，如果我們仔細檢視所謂文明化任務究竟代表什麼，我們便會發現，這任務其實是由脫序的恐同與厭女行為共同構成。因此，我們必須將刑求理解為恐同機構針對特定人口所發起的行動，這群人被他們建構出來的同時又成為他們的目標，成為美軍自己對同性情慾所感到的恥辱；我們必須將刑求理解為厭女機構針對特定人口發起的行動，這群人被美軍視為受諸多節操與恥辱準則所約束的角色，顯然與西方的女性處在不「平等」的位置。這樣一來，駐阿富汗的美軍散布沒戴面紗的婦女相片並將其視為「勝利」的舉動，便預示了駐阿布格萊布監獄和關塔那摩灣的美軍犯下的種種罪行：拍下這些照片、強迫性侵等。

除此之外，我們在此能看到特定的文化進步預設，是如何與毫不留情地毀滅生命產生關聯。更精確一點來說，隱藏在這種合理化之中的運作模式，其實是在當代性政治中粗糙地部署並濫用

「自由」規範，這種「自由」不只成為強迫的手段，還成為某種我們也許能稱為「刑求帶來的高潮（jouissance）」之物。然而，一旦我們細究這種自由究竟為何，我們便會發現，「自由」指的是不受法律拘束的同時，又具有強迫性質；換言之，「自由」只不過是將奠立國家權力及其暴力機制的邏輯延伸至法律之上。除非我們將「權利」理解為免於任何法律上的問責，否則這種自由並不屬於權利論述。

在這刑求場景中，至少有兩股相互抵消的（countervailing）作用同時運作。一方面，伊拉克囚犯之所以被視為前現代的人，正是因為美軍認為他們體現了關於同性情慾、暴露、自慰與裸體的特定禁律與禁制。美軍不僅仰賴這種劣質的文化本質主義來形塑其觀點，刑求還被用來測試並佐證這種劣質的文化本質主義命題。事實上，再推得更遠一點便會發現，從此面向來看，我們能將刑求理解為某種使伊拉克囚犯變得「現代化」的技術。主體形構的規訓制度用意在於將被刑求者轉變為模範現代主體，但這類刑求並不走這個路線，而是將受刑求者的狀態揭發為低等（abased）且脫離常規的「外部」，永遠處在主體形構之外。如果這些囚犯稱得上是某類主體的話，他們亦是外於「人類的文明軌道」，因而賦與了文明的捍衛者以更加暴力的方式將其排除的「權利」。然而，現代化之中的強迫性技術卻反過來使得世俗現代主義所稱的「野蠻」遭到挑戰。從這角度來看，軍方執行的文明任務中的刑求，反倒凸顯出合理化反穆斯林戰爭的進步敘事有其複雜面向。性自由被簡化「部署」為強迫性羞辱的立場，使得這歷史版本的現代世俗化計畫中的「強迫」面向變得清晰可見。當然，我並不認為刑求是脫軌個體的行為或美軍完全有意識的策略性目標。我反倒認為，這類羞辱與刑求行為所蘊含的強迫本性（coercive nature）將文明化任務中運作的強迫機制凸顯得一覽無遺，更重要的是，這還凸顯出文明化任務實際上是強制設立某種文化秩序，並依其將穆斯林視作低賤、落後的消亡物（ruination），並認為穆斯林若不臣屬於「人類文化」，就得被排除在外。這邏輯與教宗拒認並排除穆斯林的修辭，有異曲同工之妙。如果穆斯林被賦與了這種暴力形象，且又被認為遭受各類規則的拘束與妨礙，那麼，他們的暴力便證明了他們需要新的規訓規則（disciplinary rules），他們受到規則拘束便證明他們需要被現代性解放。

我無意將否認某人的移民權與對某人施行性刑求劃上等號，但我認為，之所以能嚴格地將穆斯林社群排除於歐美（暫時借用這含義極廣的詞彙）主流規範之外，是因為許多人相信穆斯林對文化或人類化的主流規範造成了威脅。而當某些群體被呈現為對人類化與公民身分的文明條件造成威脅時，他們就能合理地遭受刑求、合理地死去——因為他們不再能被構想為人類或公民。在性刑求的案例中，便有某種極為有害的性自由觀部署：「我們體現了那種自由，你們沒有；因此，我們有自由強迫你們，而為了行使我們的自由，你們便得向我們展現出你們的不自由，而這景象便能以視覺的形式正當化（visual justification）我們對你們的攻擊。」當然，這不能跟把沒戴面紗的阿富汗女性照片刊登在《紐約時報》頭版相提並論，但兩者間是否有什麼共同的預設？在這些脈絡中，女性主義以及性自由的爭取是否皆以令人震驚的方式成為某種進步文明化任務的「標誌」？穆斯林宗教禁止同性情慾，而美軍的恐同正在這些人身上發揮作用。如果我們無法解釋軍中的恐同，我們何以理解刑求？

那麼，暴力的恐同與厭女利用其受害者的恐同與厭女來進行刑求，兩者間的交會究竟是怎麼一回事？如果我們僅聚焦於受害者，即便是在某種容忍或文化權或特定的文化侵犯的架構內看待，亦無從得知刑求場景中確切的剝削行為究竟為何。恐同與厭女通常被理解為穆斯林特定的負擔或落後特質，但跟通常認為是恐同與厭女的受刑求者相比，在刑求場景中，恐同與厭女似乎占據了更為核心的位置。無論穆斯林與女性地位之間的關係如何，我們都必須開始意識到兩者間的關係有其複雜性，會隨著歷史而發生變化，不得任意化約（我在此推薦讀者閱讀蘇瓦德．喬瑟夫〔Suad Joseph〕編輯的《伊斯蘭諸多文化中的女性》〔*Women in Islamic Cultures*〕，布里歐出版社〔Brill〕已出版了四冊，而這也許能成為英語讀者理解其複雜性的起點）。

刑求場景中的爭議在於，暴力與性的聯繫在諸多戰爭的脈絡之中，已然成為文明的命題（civilizational thesis）。畢竟，美國是把文明帶給那些顯然「落後」或前現代的穆斯林他者。而我們能清楚看到，這種做法使得刑求成為文明的標誌與工具。這些並不是戰爭中脫離常規的環節，反倒是美國帝國文化殘酷且驚人的邏輯在當前戰爭中的運作方式。美方以文明對抗野蠻之名執行刑求，此處的「文明」亦是這種令人感到困惑的世俗政治的一部分，而這文明跟最為教條且侷限的宗教形式相比，並沒有來得更為啟蒙或批判。事實上，文明與野蠻之間的歷史、修辭與邏輯聯繫也許比我們所想的還要來得更為深刻。此處爭論的「野蠻」是文明任務的野蠻，而所有反帝國主義的政治，尤其是女性主義政治與酷兒政治，都必須時時刻刻對其提出反對。此處的重點在於奠定一種反對國家脅迫的政治，並建立一種架構，使我們能看清暴力是如何以保存特定的現代性之名而行使，並同時認識到文化同質性或文化整合的傲慢才是對自由最嚴重的威脅。如果刑求場景完美體現出了某種自由觀，那麼，這種自由觀是不受法律拘束、不受一切控制的自由，而這種自由的目的正是強加法律於人並行使強制手段。許多不同的自由觀相互競逐，這就明顯（但仍值得特別點出）說明了，能夠保護我們不受脅迫與暴力的自由已經不復存在。而我們思考時間的能力也已消逝，無法在暴力地同時將自身設立為起源與終點的目的論之外，思考「此時此刻」，這種種能力皆從文化的可思考性（culturally thinkable）當中退位了。政治架構是否能讓我們對文化規範的理解在全球框架中向質疑與動態開放，這的確是思考政治的方式之一，讓我們能重新將性自由置於反種族主義、反民族主義以及反對迫害宗教少數的抗爭脈絡之中。

但我並不全然確定我們是否必須將這所有的抗爭集結在統一的架構之中。正如前文所言（我希望我有清楚表達出我的觀點），至少在初步的論證中我們已能看到，主張某種統一的文化架構是世俗或宗教政治的先決條件，無異於預先使此架構免於遭受政治質疑。如果馬克思說得沒錯，我們的分析必須始於歷史性的當下，那麼，在我看來，我們就必須以新的方式來理解各種時間性之間是如何發生衝突和交會，這樣一來，我們才能較為複雜地描述這「當下」。我想，這便意味著同時抵抗統一的架構，因為這類架構會將尚有爭議的對立觀點昇華為同樣正確的主張，但我們同時也得拒絕某些預先決定何謂人類茁壯滋長（human flourishing）的觀點。我們總是能夠展現出穆斯林不同的「現代」面向，但同樣重要的是，我們也要知道，特定的世俗理念若沒有透過穆斯林實踐的傳播與闡述，是沒辦法發展出來的。然而，重點並不在於展現出「我們都是現代人」。如果現代性必須透過連續且持續開展的時間觀來構築自身，而我們某部分的個人自由被構想為這種時間觀的實現，那麼，也許我們該謹記尼采在《強力意志》（*The Will to Power*）中的警語：「人類不會向前進，人類甚至根本就不存在。」[30]而更重要的也許是華特．班雅明在《歷史哲學論綱》（*Theses on the Philosophy of History*）第十三條的主張：「在歷史上，人類的進步觀始終無法脫離一種在同一性質、且空洞的時間（**homogene und leere Zeit**）裡不斷進展的概念。如果人們要批判這種不斷進展的概念，就必須先建立批判『進步』概念的基礎。」[31]接下來，他在另一條論綱中寫道，「炸開歷史的連續統一體的意識，是革命階級在行動的當下所具有的特點」。[32]而理解過去是如何閃現而過以及過去未曾過去、反倒的延續至今的史學家，也同樣將「此時此刻」理解為「零散地含有少量已被彌賽亞救贖的時代的碎片」。[33]班雅明非世俗的指涉在此並不奠基於某個將臨的理想未來，反倒有賴於過往的斷裂性力量，使這個當下不再能藉由其同質化的效果來抹除所有性質差異（qualitative differences）。「星叢」是指我們當下的時代（one's own era），而這指的正是多重時間性那艱困且容易被中斷的場景，是無法被化約為文化多元主義或某種自由主義權利論述的。班雅明在這些命題的最後寫道，「每一秒都是彌賽亞可以穿越並顯現的小入口」，每一秒對班雅明來說都是個歷史條件，而對當下的政治責任正存在於「此時此刻」。班雅明將革命行動理解為罷工或拒絕強迫性的國家權力，這並不令人意外。這類國家權力奠基於將某種歷史進步觀視為理所當然，並藉此將自身合法化，視為最終的現代成就。將「此時此刻」從這

30 尼采，《強力意志》（*The Will to Power*, ed. W. Kaufman, trans. W. Kaufman and R. J. Hollingdale, New York: Vintage, 1968）。

31 班雅明，《啟迪》（*Illuminations*, ed. H. Arendt, trans. H. Zohn, New York: Schocken Books, 1968）。〔此處譯文引自華特・班雅明，〈歷史的概念〉，收於《機械複製時代的藝術作品：班雅明精選集》（莊仲黎譯，商周出版，2019），頁224-5。

32 同前注，頁261。〔中譯本頁226。〕

33 同前注，頁263。〔中譯本頁229。〕

些現代性主張分離出來，便是破除某種時間架構的基礎，使其不得再以非批判的方式支持國家權力、國家權力的合法化效果，以及其強制性的手段。如果沒有批判國家暴力以及構築出文化差異主體的國家權力，我們的「自由」主張便有可能被國家挪用，並讓我們無法看見所有我們必須承擔的承諾（commitments）。唯有批判國家暴力，我們才有可能找出並確認現存的盟友以及與其他少數族群連結的場域，並讓我們能以系統性的方式思索國家的脅迫是如何將我們分離，並將我們的注意力轉移至批判暴力以外的事情上。

唯有認識的架構在不同的宗教與世俗批判觀點間轉移，我們才有可能評估政治的時間與空間。如果自由是我們所追尋的理想之一，那就得切記，自由的修辭有多麼容易被國家的自我合法化所利用，並透過強制力撒下瞞天大謊：「我是在保護人性。」這樣一來，也許我們便得以重思自由，甚至是不受強迫的自由，並將其視為少數群體團結的條件之一，並認識到在戰爭批判的廣大脈絡中理解性政治的必要性。

以規範性為名的非思

最近一次交流中[1]，英國社會學家奇坦・霸特（Chetan Bhatt）說道，「在社會學、文化理論或文化研究的領域中，我們許多人皆預設某個真理的場域……僅管這場域遭許多人質疑與挑戰，仍提供了理論協助，讓我們得以理解或描述『自我』、『他者』、主體、身分、文化。」[2]他補充道：「我現在不太確定這些概念是否仍能解釋歐美以外的生活世界所經歷的劇變，亦即所謂『身分』的迅速瓦解與重構……」若霸特說得沒錯，那無論我們的思考架構是多元文化主義或人權，皆預設了特定形式的主體，而這類主體也許（無法）回應當前種種生命模態。自由主義架構與多元文化主義架構所預設的主體（我們需要區分出這兩種架構）具有以下特色：屬於特定種類的文化身分、以多種方式被構思為受範疇清單（族裔、階級、種族、宗教、性與性別）所單獨決定或多重決定。許多人不停探問，在法律中是否有什麼物事能代表（represented）這類主體，如果有的話，這類主體又是如何被再現的（represented）？而對這類主體而言，又有什麼文化肯認或制度肯認足以保障他們？我們提出這些規範問題，就彷彿我們知道「主體」的意義為何——雖然我們不總是知道如何最佳地再現或肯認各式各樣的主體。確實，提出這些問題的「我們」大多時候提出來的都是規範問題，亦即如何最好地安排政治生活，藉此讓肯認與再現得以發生。雖然這規範問題至關重要，但我們若沒有思索主體的存有論，便無從回答這類這類主體的肯認與再現問題。除此之外，若要探究這種存有論，就必須在另一個層面思索規範性的運作，也就是思考規範是如何生產出「能被肯認與再現的主體」這種觀念。這也就是說，如果我們無法理解權力的差別運作是如何區分出得以肯認的主體以及沒得到肯認的主體，我們便無法追問甚至回答上述常見的規範問題。換句話說，主體是依據什麼規範而生產出來的？而這主體生產出來之後，又是怎麼變成規範性辯論中所謂的「基礎」（ground）？

重點不僅在「存有論」層面，因為主體與生活世界的諸多形式並不遵照現有的主體範疇，而是在種種歷史與地緣政治的運動中所浮現。我用「浮現」（emerge）這個詞，但當然，這種種形式的出現不該被視作理所當然，因為新的形構之所以得以「浮現」，僅是因為特定框架奠定了「浮現」的可能性。因此，問題其實是：這類框架是否已然存在？如果已經存在的話，它們是怎麼運作的？許多自由主義與多元文化主義的變體皆提議思考肯認問題，且它們的質疑也與霸特所

---

1 《英國社會學期刊》（*British Journal of Sociology* 59: 1, 2008）。我的論文〈性政治、刑求與世俗時代〉原先發表於《英國社會學期刊》二〇〇七年十月的年度演講，經修改後收錄於本書第三章。《英國社會學期刊》同期收錄了許多對〈性政治〉一文的回應，而我對諸位的回應〈回應阿里、貝克佛、霸特、莫多特和伍海德〉（"A Response to Ali, Beckford, Bhatt, Modood and Woodhead," in *British Journal of Sociology* 59: 2, 255–60）經修改與擴寫後成為這個章節。本章亦探討了塔拉・阿薩德的著作，而這是原文沒有的。

2 奇坦・霸特〈運動時代：一則回覆〉（"The Times of Movements: A Response," *British Journal of Sociology*, 59: 1, 2008, 29）。

說的主體和身分所面臨的挑戰有異曲同工之妙。這其中的某些立場希冀能將肯認學說擴展至結盟主體（coalitional subjects）。舉例來說，社會學家塔里克．莫多特（Tariq Modood）便提出一種新的公民身分，不將公民身分奠基於主體，而是奠基於主體之間的交流，如「性政治與宗教多元文化主義結盟的可能性」。在他看來，公民身分必須被理解為動態且可更動的（revisable），而其特色是「溝通與不斷協商」。這種重要的公民身分概念意味著對話的種種模態皆重新建構了對話的參與者。莫多特明白點出，「融入公民身分（civic inclusion）並不只是非批判性地接受現存公民身分的定義、既存的『遊戲規則』和新進者或單方面的『融入』，使其從先前的從屬狀態變為平等的身分。」他再加上一則重要的補充：「身為公民，無論是否剛成為公民也是一樣，代表不只有權得到肯認，還有權能質疑肯認的詞彙。」[3]

成為公民並非易事，而爭論授與公民身分所使用的詞彙更為困難。從這觀點來看，公民本身便是結盟的交流；換句話來說，世上並沒有單一決定或多重決定的主體，反倒該說，主體只存在於動態的社會過程之中，並在社會交流中建構並重構彼此。我們不只有權獲得特定的公民地位，這個地位本身還受我們的社會互動所決定和修改。我們也許會說，這種對話形式的社會存有論當然很好，但法律層面的肯認才真的製造出我們這些司法主體（juridical subjects）。也許這種說法並無不妥之處，但要成為公民還需要法律之外的條件（extra-legal conditions），要成為能出現在法律之前（before the law）的主體亦需要這些條件。出現在法律之前便意味著我們必須進入顯現的領域之中，或是被定位為得以進入顯現領域。這也就是說，規範制約並安排了得以出現且確實出現的特定主體。因此，被塑造出來、在法律之前的主體並不完全由法律所決定，而法律化／合法化（legalization）的法外條件便是法律本身以非司法的形式所預設的。

重構新的主體概念、將主體定義為「結盟主體」聽起來的確很令人心動，但結盟的各個部分是由什麼所構築而成的？究竟是單一主體內部便有許多主體，亦或是結盟中的「各個部分」皆與彼此交流？這兩種另類的概念都一再讓我們質疑主體的語言是否不足以解釋現狀。我們可以考量以下情境：有許多人追求寬容（tolerance）規範的規範目標，而如果某個主體寬容另一個主體，或兩個不同的主體依法必須寬容彼此，那麼，這兩個主體從一開始就有所差異（differentiated）。但我們該如何解釋這種差異化（differentiation）？如果主體要在這種情境中顯現出來的話，「差

3　塔里克．莫多特，〈走向多元文化主義傳統的基礎與兩個障礙〉（“A Basis for and Two Obstacles in the Way of a Multiculturalist Tradition,” British Journal of Sociology, 59: 1, 2008）頁49；亦請見莫多特，《多元文化主義：一種公民的觀念》（*Multiculturalism: A Civic Idea*, London: Polity, 2007）以及莎拉．阿美（Sara Ahmed）、克勞蒂雅．卡斯特涅達（Claudia Casteneda）、安—馬莉．富提耶（Anne-Marie Fortier）與密米．謝勒（Mimi Sheller）合編的《除根／再扎根：論家與移民》（*Uprootings/ Regroundings: Questions of Home and Migration*, London: Berg Publishers, 2003）。

異化」是否正是需要被壓抑與並置於別處（relocated）的？舉例來說，在某些寬容的論述中有兩種不同的主體，例如「同性戀」與「穆斯林」，兩者在公共往來與公共政策的領域中也許容不得彼此。正如溫蒂．布朗（Wendy Brown）極具說服力的論述所言，寬容是種無力的工具，通常都預設了寬容者對被寬容者的輕視。[4]其他論者比較偏好將肯認視為更具韌性且更為肯定的另類出路——因為比較少寬容，所以更寬容！一旦我們考慮肯認在這類情境中該如何發生效力時，肯認這概念便不再如論者所說的如此敏銳了。即便先不追問肯認是由誰賦與的，也不問肯認採取什麼形式，我們還必須探問，究竟是什麼東西能「得到肯認」？是同志的「同性情慾」獲得肯認嗎？還是穆斯林的宗教信仰得到肯認？如果這些被單一決定的主體所具有的特質是規範架構所預設的對象，那麼，肯認便成了根據預先奠立的規範來整頓（ordering）並規範主體的一種實踐。如果肯認再一次鞏固了「性主體」、「文化主體」和「宗教主體」等，那麼，肯認究竟是製造出這些肯認主體還是尋找到這些肯認主體？除此之外，如果肯認是奠基於這類詞彙與概念，我們有辦法在肯認場景中辨別出製造與尋找的區別嗎？如果「能得到肯認」的特徵正是奠基於肯認的失敗，那該怎麼辦？

所有主體都必須在差異化的情況下才得以浮現，而這事實帶來了幾種不同的結果。首先，主體只有在將其他可能的主體形構排除為「不是我的主體形構」（not-me's）時，才可能與其他主體區別開來。再來，主體透過一系列賤斥（**abjection**）的過程才得以浮現，拋棄自我之中無法符合人類主體規範的面向。拒絕賤斥過程則含括了多種形式的鬼魂性與怪物性（**monstrosity**），而這種種形式通常與非人的動物生命有相似的型態。某種程度上來說，這些都已是（後）結構主義講到老掉牙的東西了：差異不僅預先制約了身分與同一性的主張，還是比身分跟同一性還要來得更根本的結果。在《霸權與社會主義策略》（*Hegemony and Socialist Strategy*）中，拉克勞（**Ernesto Laclau**）與穆芙（**Chantal Mouffe**）對此概念進行了極為重要的重構。他們指出，差異化的條件不但是所有主體形構過程中的構成性匱乏之符號（**sign of a constitutive lack**），亦是所有非實質概念（**non-substantial**）的「團結」（**solidarity**）之基礎。[5]

我們能否將這組形式洞見轉變為歷史特定的分析，並藉此思索肯認在種種時代中的差別運

4 請見溫蒂．布朗，〈寬容作為增補：「尤太問題」與「女性問題」〉（Tolerance as Supplement: The 'Jewish Question' and the 'Woman Question'"），收錄於《規範反感：身分時代與帝國時代的寬容》（*Regulating Aversion: Tolerance in the Age of Identity and Empire*, Princeton, NJ: Princeton University Press, 2006），頁48-77。

5 厄尼斯特．拉克勞（Ernesto Laclau）與尚塔．穆芙（Chantal Mouffe），《霸權與社會主義策略：邁向一種激底的民主政治》（*Hegemony and Socialist Strategy*: Towards a Radical Democratic Politics, London: Verso, 1985）。亦請見西蒙．克里奇利（Simon Critchley）與奧立佛．馬查特（Oliver Marchart）合編的《拉克勞讀本》（*Laclau: A Critical Reader*, London: Routledge, 2004）。

作？畢竟，如果主體總是差異化的，那我們就必須理解差異化的意思為何。我們通常將差異化同時理解為主體的內部特徵（主體內部便是差異化的，且主體由許多共同決定的部分所組成）與外部特徵（主體排除其他種的主體形構，也排除賤斥的鬼魂或主體地位的逝去）。但這兩種差異化形式之間的區別並不如我們所想的那樣明確。我是透過排除某些東西來構築我與他人的區別和我的特殊性，而被排除之物仍內在於我，隨時可能造成我的瓦解。我的種種部分或我的「種種身分」（identities）內在的差異化奠基於所有差異的某種統一，因而再一次將主體設置為差異本身的根柢。主體透過外於自身之物來定義自己並藉此獲得其特殊性，這樣一來，要解釋內在的差異化，關鍵亦在於解釋外在的差異化。

黑格爾早已告訴我們這些論點了，但也許我們還得思考文化衝突的幾種特定形式，以及盛行的規範架構是如何預設這種種形式的。同性戀者可能是也可能不是穆斯林，而穆斯林也可能是或不是恐同者。但如果文化衝突的架構（同志對上穆斯林）決定了我們如何構思這些身分，那麼，穆斯林便必須由恐同所定義，而同志要不是反穆斯林，就是害怕穆斯林的恐同（端看何種架構而定）。換句話說，這兩種立場皆以所謂與彼此之間的衝突關係來定義。這樣一來，我們便無從得知兩者的範疇或場域是如何在社會學的層面上交會的。確實，寬容的架構或甚至寬容的律令皆依據身分的要求來整頓身分，抹除了同志生活與宗教生活的複雜文化現實。

這導致的結果是，規範架構批准了某種對「主體」的無知，甚至將這種無知合理化為建立強而有力的規範判斷的必要性。確實，要「理解」所謂「同性戀」與「穆斯林」的文化現實需要費一番工夫，思考兩者在種種民族之間、不但內於也外於甚至處在歐美的邊緣上（這些空間範疇能同時運作）的「生活世界」（以霸特的話來說）更是需要下一番苦心。畢竟，要理解兩者間的關係，就必須思索性與宗教在形構過程中，是如何作為彼此的媒介（vehicles）所運作，以及這種運作為何有時採取對峙的形式、有時則否。談論伊斯蘭教中反對同性情慾的規矩，並不等同於談論穆斯林與這類規矩或禁忌的關係，也沒有提及這類規矩或禁忌的強度或核心程度是如何發生變化的；這些都得奠基於特定的宗教脈絡與實踐。值得特別關注的是，當這些公開禁止的性實踐發生時，性實踐與禁忌之間的關係為何？性實踐為何相對地不在乎（indifference）這些禁忌？主張宗教學說層面上有禁忌，並沒有解釋這類禁忌在該學說中發揮的功能為何，也沒有解釋性生活為何不僅與禁忌有關、還關乎許多文化現實（無論是否受宗教影響）。實際上，即便是認為宗教與性都建構出某種生活方式的驅力，這種說法仍無法解釋這種驅力有多強，或是以什麼方式驅動（或無法驅動），或兩者驅動的究竟是什麼（又，是與其他哪些驅力一同運作？）。換句話說，這種二元架構預設宗教與性兩者皆是單一地決定身分，這也是為什麼有兩種分離且相互對立的身分。這種架構沒考量到的是，即便兩者間有許多對峙的力量，這也不將矛盾或困境推導成必然的結論。對峙能存於主體之中與主體內部，並產生動態且極富生產力的政治力量。最後，這類架構並無探詢宗教與性那多種複雜的組織方式，因為二元框架認為自己早在探詢複雜的文化現實以前，就已經知道自己需要什麼了。這類架構實際上是一種「非思」（non-thinking）的形式，以偏限性的規範樣本准許自己如此運作，將現實當成一張能穩固判斷的地圖，即便這地圖顯然有誤。這類判斷形式扭曲世界，以此將道德判斷本身塑造為特定的文化特權及「敏銳性」（perspicacity）——也就是忽視一群又一群的人（被忽視的不必然是非歐洲人，許多比較學者〔comparativists〕也遭受同樣的待遇）。這類主張通常與一種虛假的「政治勇氣」主張一併出現：許多人要求我們更扎實、耐心或複雜地思考文化差異，但持二元架構的人卻彷彿散發出挑戰這些人的意志。換句話說：何須理解？判斷已足矣！不過，重點並不是要使判斷變得無力，也並非削弱規範性主張。我的重點在於，我們必須設想新的思想星叢來思考規範性，藉此繼續以智識開放且較為詳盡的方式來理解並衡量我們的世界。

當然，我並不提倡某些看法。舉例來說，我們在探討的問題並非文化權輾壓個體的自由權。將問題放進這類框架意味著拒絕重思「個體」與「文化」這兩個概念。在此脈絡下，許多世俗菁英將宗教排除於公共領域之外的嘗試，也許是根植於特定的階級優越性以及對事實的盲目——許多脆弱的人口必須仰賴於宗教網路時常提供的援助。除此之外，有論者強調宗教社群的集會權，認為這種權利若遭到侵犯，便導致這類社群的基本權利遭受實質上的剝奪，甚至將其連根拔起。[6]當然，這類計畫必須要能定位出每個社群，並將其視為穩定且分離的實體（entities），而這會導致我們難以判斷團體中的成員身分是如何決定的。這類進路的優點在於，它以團體權的概念增補了某些個體主義的不足；但這種進路也有其侷限，使「團體」或「社群」皆作為統一的主體來運作，然而，這個時代裡許多新的社會形構要求我們超越或反對這類假定的統一。

我們能將集會權與結盟式公民身分的構思理解為拓展現存的民主規範，使其含括更多人進來，並藉此超克個體訴求、個體權利與宗教訴求、宗教權利之間的「困境」。這類策略毫無疑問有其力道與願景。我在此僅希望注意以下兩者間的張力：（一）拓展現存的規範性公民身分、肯認和容納並超克當代困境的權利概念，以及（二）奠基於確信自由主義與多元文化主義的規範性論述，無法適切掌握新的主體形構與新形式的社會對峙與政治對峙，因而呼籲使用新的另類詞彙。

我厭惡低估當代政治中的社會衝突與文化衝突所占據的位置，我也不願理所當然地認為多元文化主義的結構性特徵便是「困境」——無論這種「困境」的理解有多麼盛行（例如，宗教

6　請見琳達・伍海德（Linda Woodhead），〈世俗優越性、宗教缺陷〉（"Secular Privilege, Religious Disadvantage," in *British Journal of Sociology*, 59: 1, 2008, 53–8）。

少數與性少數之間的「困境」）。實際上，我們有許多宗教性質的同志團體，其中某些團體甚至在美國的婚權（pro-marriage）運動中扮演關鍵角色。[7]在美國與歐洲，現在也有許多酷兒與「非法外籍人士」（illegal aliens）或「無證者」（sans papiers）之間的結盟，他們彼此合作，性身分或宗教信仰皆沒有影響到他們的結盟關係。除此之外，還有許多穆斯林同志網路（例如柏林克羅伊茨貝格〔Kreuzberg〕的酒吧SO36）鬆動了性與宗教之間必然的對立。如果我們考量到愛滋感染嚴重影響特定個體遷移的能力，或使其無法獲得適當的醫療照護，我們就能理解為何許多社群都在爭取公共權利，且他們的奮鬥特色之一便是融合了身分認同，而這種種皆是在移民政治下形構出來的運動。如果多元文化主義與肯認政治所使用的詞彙使我們在「將主體化約為單一定義的屬性（attribute）」以及「建構出多重決定的主體」之間二選一的話，那我不確定在新的全球網路同時跨越數種動態決定之際，我們是否已準備好面對這全球網路對文化形上學（cultural metaphysics）所帶來的挑戰。

一旦這類網路形成政治結盟的基礎，它們就不再是由「身分」或一般所謂的「肯認」所聯繫，而是由多種多樣的政治反抗所連結：反抗特定的國家政策與規範政策，反對這些政策造成的排除、賤斥、部分或完全懸置的公民身分、屈從、貶低等。在此意義下，「結盟」不必然奠基於主體位置或協調不同主體位置之間的差異；實際上，種種結盟能奠基於暫時重疊的目標，且能夠

（或必須）產生積極的對峙關係，爭論這些目標應該是什麼、該如何最好地達到目標。結盟是被賦與生命的差異場域，也就是說，「受他人影響」以及「影響他人」是主體的社會存有論之一部分。在此，「主體」並不再是如此分離的實體（substance），反倒是一系列主動且能觸及他人的相互關係（interrelations）。

我並不相信有個「大一統」的詞彙或概念能含括少數族群政治中所有形式的剝奪（dispossession），也不認為要達到政治聯盟就必須使用這類詞彙來協助擬定策略性目標。結盟的參與者必須積極地思考「少數」這個範疇，因為「少數」越過了劃分公民與非公民的界線。藉由關注國家與規範權力以及兩者如何策畫（orchestrate）辯論並創造出政治困境，我們得以超越二元對立的架構，不再將「衝突」從複雜的形構過程中抽取出來，並藉此理解規範性框架的強迫面向與策畫面向。把權力問題帶到討論的核心，我們爭辯的用詞便能改變、更能回應政治。

那麼，種種形式的權力（包含國家權力）究竟是如何策畫出這種二元對立的場景？二元對立

7 在此僅列舉幾個代表了穆斯林與阿拉伯性少數的組織：英國的同志、雙性戀與跨性別穆斯林組織「信」（Imaan），提供許多社會服務和社群協助，網站請見www.imaan.org.uk。亦請見www.al-bab.com，這個網站提供阿拉伯同志多種資源，某些有宗教內容、有些沒有。亦請見「讓國際看見酷兒穆斯林」（The International Initiative for the Visibility of Queer Muslims），queerjihad.blogspot.com和www.al-fatiha.org，這是同志、雙性戀與跨性別的穆斯林國際組織。

需要兩方分離的主體，各自有單獨或多種特質，且與彼此互斥。將這種主體視為理所當然，無異於轉移了批判的焦點，使我們不再觀察權力運作本身（包含權力在主體形構過程中的策畫效果）。因此，我相當警惕進步歷史的種種敘事形式。在這種敘事中，二元衝突若非被更無所不包的自由主義架構所超克，不然就是高傲自負的進程，成為替自由主義辯護的關鍵要素。在第一種案例中，我們發展出更為含括性的架構來化解對峙；在第二個案例中，我們則主張世俗與進步的另類出路是自由民主的必備條件，而所有提議重思或挑戰這種另類出路的必然性、充分性和終極價值的人，都遭受猛烈炮火攻擊。前者是辯證、實用主義與進步的史觀，後者則讓「進步」本身成為二元衝突的其中一方，並將所有非世俗與反進步論的詞彙都視為自由主義的威脅，使我們無從發展出思考顯現主體和有效語言、媒體和政治公共權利的另類詞彙。

當然，我並沒有妄想宗教少數與性少數間能達成「無縫的」聯盟（"seamless" alliance）。兩者現在已有許多不同的聯盟，而我們也許能探究這類聯盟是如何形成的。我們也能預設聯盟內部含括特定的分裂、失敗與持續不斷的對峙。聯盟「內部含括」這些東西並不代表聯盟的目標是縫合分裂或消解對峙。恰恰相反，我與拉克勞和穆芙一樣，認為對峙反倒能讓聯盟維持開放，並懸置「以和解作為目標」這類觀念。「什麼才能讓聯盟不致崩解」與「什麼才能讓聯盟具備流動性（mobile）」是不同的問題。在我看來，聯盟若要具備流動性，就需要持續關注權力的形構是如何超出嚴格定義下的身分，以及這些身分又是如何被套用到聯盟成員身上的。這樣一來，聯盟便必須持續關注國家強制力的運用（從移民測驗到明目張膽的刑求），以及主體、自然、文化和宗教經過法律的援引（invocations）與化約之後，是如何生產出特定的存有論視野，使得國家的強制力看似必要且正當。

國家權力的運作發生於特定存有論視野當中，充斥著先於且超出國家權力的權力。因此，我們若總是將國家置於討論核心，便無從解釋權力的運作。國家仰賴許多非國家式的權力運作，若權力無法自我組織的話，國家便無從運作。除此之外（而這也不是什麼新觀點了），國家同時生產並預設特定的權力運作，而這類權力運作首要條件便是建立一系列的「存有論的現成條件」（ontological givens）。在這種種現成條件中，若從特定的規範架構來看，主體、文化、身分和宗教等概念皆不受質疑也無從質疑。因此，當我們談論「架構」時，我們不單單僅是談論政治分析的理論觀點，更關乎可理解性的諸多模態。這種種模態推動了國家的運作且超出國家權力的領域，這類模態本身便是權力的實行。

也許最明顯浮現出「困境」的場域，並不在性少數主體與宗教少數主體之間，而是在「將這類主體生產為相互衝突的規範性架構」和「質疑這類主體是否外在於所謂對峙（或與其有關係）的批判觀點」之間。這意味著我們必須得思考這類架構是如何仰賴某種「拒絕理解」，如何引領我們拒絕理解宗教／性人口和主體形構在歷史上浮現出來的複雜性——這些複雜性無法化約為特定的身分形式。一方面，我們可以說，無論這類化約錯得有多離譜，都仍是必不可少的，因為如此一來我們才可能在既定且可知的架構中做出規範性判斷。渴望認識論上的確定性和確定的判斷因而生產出一系列存有論的承諾（ontological commitments），而這種種承諾有可能對、有可能不對，但這類承諾被視作必然的，唯有如此才能緊抓現存的認識論規範與倫理規範。另一方面，批判的實踐（practice of critique）以及提供更為適切的歷史理解之實踐，皆聚焦於受規範架構所影響的暴力，因而提供一則對規範性的另類解讀，不再奠基於現成的判斷，而是轉向經過比較與評價（evaluative）的種種結論，而要達到這類結論，就得透過批判理解的實踐。那麼，一旦我們開始以批判與比較的方式思考相互競逐的評價（evaluation）圖示時，我們究竟該如何重新探究判斷與評價的政治？

要討論這個問題的話，我想回到塔拉．阿薩德近期出版的《論自殺炸彈攻擊》（我在第一章有簡短討論過這部著作）。[8]我的說法也許會令人感到驚訝，畢竟，阿薩德早已明講，他的著作「並非論證」，而是「理解」的嘗試——他明確拒絕探討哪些暴力具有正當性、哪些暴力不具正當性等問題。某些人主張，即便我們對接受判斷的文化實踐一無所知，道德判斷仍有其必要性。乍看之下，阿薩德提供的觀點與這類主張者產生直接的衝突。阿薩德希望我們理解的方式正是讓我們對規範性的理解變得不穩定並重構此理解。如此來看，阿薩德對規範性理論有相當卓越的貢獻。

阿薩德明確指出，他嘗試讓讀者理解「自殺炸彈攻擊」是如何在「西方公共論述」中被建構並闡述。他說道，他無意談論道德判斷（但他仍不斷重申，他並不肯定自殺炸彈攻擊策略）。[9]他的分析目標是將種種判斷先擱置一旁，藉此探問並尋求別種問題。同樣地，他無意重構自殺炸彈客的動機（儘管我確信他也會同意這類研究會提供令人驚豔的成果。）阿薩德將分析侷限於所謂「西方」（這可能太廣了）關於自殺炸彈攻擊的公共論述，我們該如何理解阿薩德對分析的限制？他告訴我們，在「理解」他所提供的現象時，規範性判斷並沒有在其中占有一席之地。我們該把此話當真嗎？我在此不同意阿薩德的主張，反倒要重新導入某些他在書中推至一旁的規範問題。但我這麼做並不是為了證明那本著作是錯的或容易誤導人，而是探索書中的規範性，並主張該書其實不如作者所言，而反倒具有更強而有力的規範立場。

我的問題是：我們能否在阿薩德提供的解釋中，找到一種重思規範性的方式？對此，我們也

8 阿薩德，《論自殺炸彈攻擊》。

9 同前注，頁4。

許會認為該要求阿薩德更明確地說出自己的立場：他對自殺炸彈攻擊的分析，會不會使得自殺炸彈變成正當化的暴力形式？如果我們急著提出這種問題，也許會錯失理解阿薩德試著告訴我們的東西。我就直說吧，阿薩德並沒有正當化自殺炸彈攻擊，也沒有在反自殺炸彈攻擊的規範性論述上花太多時間。我認為，他不願意捲入「支持還是反對」的爭論，希望藉此改變我們思考這類事件的架構，甚至是理解這類現象是如何被放入特定的道德與文化架構並被工具化、更鞏固我們的這種思考架構。在《論自殺炸彈攻擊》日文版的前言中，阿薩德寫道：

我檢視現代戰爭的恐怖與軍事分子引發的恐怖之間的區隔，這類論證的主要目標在於主張「正義」之戰的道德優先性，並將恐怖分子（尤其是自殺炸彈客）的行徑描繪為獨一無二的惡。我的論點是，兩者間根本的差異僅是衡量尺度（scale）的問題，而若以此判斷標準來看，國家對平民的毀滅與對其正常生活的侵擾比任何恐怖分子都還要來得更嚴重。[10]

阿薩德也與麥可．瓦哲（Michael Walzer）的「正義之戰」立場做出區隔。在阿薩德對麥可．瓦哲的評論中，他質疑正義之戰的正當性，藉此開啟另一種不同的評價主張。[11] 對瓦哲來說，保衛共同體之戰之所以正當，是因為該共同體（一）面臨被抹除的風險，或（二）其生活方式有可能被強制改變。瓦哲也提出幾點認為國家應當參戰的原因，並以一系列的論證正當化暴力的行使。他列舉的諸多佐證皆已預設在什麼情況下參戰可能是正當的，預先劃定了能辯論正當性的領域。瓦哲的重點並非某些暴力是正當的、某些則否（雖然他也有提出這觀點），而在於我們若將自己限縮於思考他所界定的暴力種類時，我們才有可能正確地辯論某些暴力形式的正當性；也就是說，根據既定且熟悉的肯認規範來看待某「共同體」時，若該共同體得以受肯認，則需保衛該共同體。顯然有別種形式的暴力根本不值得一提，因此我們也無法正當化其他種類的暴力。

瓦哲所說的「恐怖主義」就是不值一提的暴力，而他警告任何人不該試著解釋或正當化此現象。[12] 誠如我們所知，「恐怖分子」一詞能套用於許多團體：叛亂與反叛亂團體、國家推動或

10　經塔拉・阿薩德同意引用。

11　阿薩德，《論自殺炸彈攻擊》，頁14-24。亦請見麥可・瓦哲，《正義之戰與不義之戰》（*Just and Unjust Wars*, New York: Basic Books, 1992）；以及《戰爭之辯》（*Arguing About War*, New Haven: Yale University, 2004）。阿薩德大篇幅的批判聚焦於後者。

12　請注意，瓦哲在九一一之後惡名昭彰的反智言論獲得了極大迴響。他主張，我們不該寬貸任何嘗試理解對美國發起攻擊的人。提供這類分析的人被他誹謗為「狡辯者」（excuseniks），並將想理解這類事件的人稱為拒絕與當局合作的人（refuseniks）——這個詞原先指的是反對蘇聯審查舉措的異議分子。現在，這詞通常被用來描述出於道德和政治考量而不願被以軍徵召入伍的以色列青年。

非國家推動的暴力、在中東呼籲更民主的政府形式的主張者，甚至是批判美國政府種種壓迫手段的人。這種語意上的滑動使得我們更必須釐清「恐怖分子」一詞傳達的究竟是什麼意思。若不知道我們談論的東西是什麼，我們要如何理解對「恐怖主義」一詞那強大的規範性判斷？對瓦哲來說，「恐怖主義暴力」落在「暴力正當與否」這辯論的界線之外。若要分出正當的暴力與不正當的暴力，我們必須思考暴力所採取的種種形式是否符應於瓦哲所提出的種種規範性要求，但所謂「恐怖主義」暴力，在瓦哲看來，不在這場辯論的範圍之內。瓦哲的方案因此拒絕思考某些形式的暴力的原因為何，他只單純將這類暴力視作「邪惡」；對能理性辯論的暴力種類而言，他所說的「恐怖主義暴力」便成了構成性外部（constitutive outside）。他將這類形式的暴力置放於反思與辯論之外，讓此類暴力看起來明顯地不合理且無可辯駁。但這種說法對誰來說才是正確的？從瓦哲的反思中那無批判性的前提，我們能否看出他使用的侷限性規範詞彙有什麼問題？

阿薩德指出，瓦哲對恐怖主義的批評源自他對恐怖主義的定義，而我們很容易就能看出瓦哲的定義含括太多物事。瓦哲寫道，恐怖主義之惡「不僅在於屠殺無辜民眾，更在於將恐懼化作日常生活、違反個人的目的、造成公共空間不安全、以及永無止境的強制性預防措施。」[13] 難道國家推動的戰爭就不會造成這類後果嗎？阿薩德聚焦於瓦哲著作中對恐怖主義的規定性定義（stipulative definition），藉此說明這類定義為何不僅有規範性力量，還相當有效地劃出規範性區隔，儘管並不具備正當性。阿薩德寫道：

> 我在此要談論的並非「為什麼特定暴力行徑被指稱為『惡』、正當的反暴力行徑的道德限制是什麼」這類問題。我要思考的反倒是以下問題：「採納『死亡』的特定定義會對世上的軍事行徑產生什麼影響？」[14]

阿薩德的重點在於，這類定義控制了正當化的手段。因此，如果國家的殺戮被「軍事必要」所正當化，那麼，任何形式的國家殺戮都能被此規範正當化，包含屠殺無辜者、將恐懼導入日常生活、違反個人的目的、使公共空間不安全，以及生產出永無止境的強制性預防措施等。當然，伊拉克和阿富汗的戰爭以及這類戰爭在國內造成的餘波，都能從這角度來思考，正如我們也能從這角度來思考美國與其聯軍在過去數十年來發動的戰爭。

無論如何，這又再一次帶我們回到這個問題：比起作者自己的主張，此處的探究是否有更強

13　阿薩德，《論自殺炸彈攻擊》，頁16。
14　同前注，頁20。

大的規範性面向？如果阿薩德暫且不談論某類形式的暴力是否被正當化，那並不是因為他同情那類暴力，而是因為他想讓我們知道，能被正當化的領域早已受暴力形式的定義所劃定。換句話說，我們認為定義能給與我們純粹的啟發（purely heuristic）且先於判斷。藉由定義現象，我們知道我們究竟在談論什麼，但我們卻因此使現象服從於判斷。通常來說，定義現象是描述性的，判斷則是規範性的。但如果現象的定義本身便參雜「邪惡」這類描述，那麼，判斷便內建於定義之中（而我們實際上就變成在知道之前就先判斷了），在此，描述性與規範性之間的界線被混淆了。除此之外，我們也必須追問定義是否正確，因為定義也許含括對現象的概念闡述，而這類闡述在沒有描述性指涉時便發生了。確實，定義也許已經被描述所替代，而兩者實際上都成了判斷。在此，判斷與規範性皆取代了描述性。我們判斷一個我們拒絕知道的世界，而我們的判斷則成為拒絕知道世界的手段之一。

重點不在於主張對現象的中立描述，而是思索如「恐怖主義」這類的現象是如何被賦與如此含糊且囊括過多東西的定義。更重要的是，如果我們要理解浮現於當代生活中不同形式的暴力，我們所使用的的規範性區隔會發生什麼轉變？我們能如何比較這類暴力的相似處與相異處？這類暴力會與瓦哲的主張有什麼出入？而如果這類暴力與瓦哲的主張並沒有太大差別，又會導致什麼結果？我們是否必須得設想新的判斷準則與新的判斷形式？而若要讓這類新的判斷得以浮現，我們又會需要哪些詞彙（或哪幾組詞彙）？

如果我們知道，特定種類的國家（通常被認為是體現了自由民主準則的國家）或特定類型的共同體（其中人口的文化與物質生活具備自由民主國家的價值，且被認作是自由民主國家）會行使正當化的暴力，那麼，我們便已將特定的政治人口統計學納入能稱作正當化暴力的定義（**the definition of what might qualify as justified violence**）。換句話說，特定人口的生命（與生活模態）早已被預設為值得透過軍事手段來保護的。然而，如果批判地分析這類人口統計學的區隔，我們便必須探究我們對暴力（無論是正當化或非正當的暴力形式與否）的理解之中，為何有對於「文化應該是什麼」、「該如何理解共同體」、「國家是如何形成」、「誰才算是可受肯認的主體」這類先在條件。在此我們能看到，用來理解當代全球衝突的詞彙事先讓我們傾向於特定的道德回應與規範結論。這分析讓我們知道的並非「不應該有結論」，而僅是我們的結論必定奠基於特定的描述與理解場域，而這場域既有比較視野，也具備批判性。

也許阿薩德替我們開啟了一些問題的討論。舉例來說，他探究「恐怖主義」的定義方式；但如果我們更仔細地看待他提出的問題，不難發現這些問題只有在指涉到比較性判斷（**comparative judgment**）的視野時，才具有意義。因此，即便阿薩德主張自己的著作「絕對不接受反對他者的殘忍行徑」，而僅是為了讓讀者「不安」並與「自滿的公共論述」保持批判的距離，這部著作實際上談論的層面要比他的主張來得更廣。[15]我們並不僅被單純要求停留在「不安」的狀態或與現成的道德回應保持「距離」。與「現成物」保持距離正是一種批判活動。

除此之外，當阿薩德詢問我們該如何理解這個時代的死亡、國家推動的戰爭是否與「恐怖主義」行徑一樣擾亂日常生活時，他指出，一旦我們能夠以比較的視野來思考這多種形式的暴力，也就是將暴力理解為當代死亡光譜上的一部分時，我們便會知道，國家暴力對生活的侵擾與入侵遠超出「恐怖主義」這個範疇下的種種行動。如果真是如此，如果我們唯有透過理解不同的尺度來進行比較性的判斷，那麼，阿薩德的批判計畫的其中一個部分，便是要讓這暴力的尺度幫助我們後續的判斷——如果在進行比較分析之前我們便批准（ratify）特定的認識論承諾，並任其誤導我們對作為可正當化的暴力前提的「國家暴力」的理解，那麼我們便無從達成阿薩德的批判計畫。如果阿薩德的分析讓我們知道國家暴力能夠且的確生產出種種瓦哲歸諸於「恐怖主義」的「邪惡」結果，如果我們將這些結果理解為令人惋惜且不正義的，那麼，對暴力的指責便超出國家暴力的種種形式，因為國家暴力也同樣導致這些結果。

阿薩德的論證試著揭露瓦哲等人的立場中的自我矛盾或虛假，但我認為，阿薩德的立場具有其修辭性的力量，而這力量源自他對侵擾日常生活、根除基礎設施、生產出難以接受的恐懼和永無止盡的強制等暴力形式的政治反對。事實上，只有在我們反對這類暴力形式時，我們才有可能理解阿薩德著作中比較性判斷的規範重要性。因此，我認為，阿薩德的著作並非在開啟新的描述方式或理解管道的同時，避開道德判斷的難題。恰恰相反，阿薩德揭露種種規範性傾向是如何進入種種規定性主張（stipulative claims），藉此劃定「理解」的領域。透過這種做法，阿薩德提供我們許多工具，讓我們得以發展出對這類偏狹劃界的批判；與此同時，他也提供我們新的架構，讓我們藉此做出比較性的判斷，並引領我們走向這種不同的結論：我們沒有理由預設正當化的暴力是國家獨享的特權，而不正當的暴力則僅由非法國家與反叛運動所行使。指涉「叛亂」所犯下的暴力，這已經是援引另一種理解架構了，且這也無法解決該暴力究竟是否正當的問題。對美國來說，昨日的「恐怖分子」總會成為明日的「自由鬥士」，反之亦然（例如，尼加拉瓜和阿富汗）。重點並不是說「犬儒主義是唯一選項」，而是更細緻地思考這類論述的顛倒是在什麼條件和詞彙下發生的，並藉此做出更好的判斷。

阿薩德在書的結尾再次提出他一開始的問題：「為什麼西方國家的人對自殺炸彈攻擊的語言再現和視覺再現產生如此大的恐懼？」[16]透過提出此問題，他指出，強大的情感回應受到詮釋所

15　同前注，頁5。

16　同前注，頁65。

制約與組織，而這類詮釋是透過許多被視為理所當然的架構所形構而成（大多數的架構都是西方的自由主義架構）。如果我們將包含了恐懼與憤慨的「道德情感」，視為應該是我們所有人都具備的普世人類情感回應的話，上述詮釋結構仍有所不足。「恐懼」與「憤怒」實際上遭受差別分配。此處值得注意的是，讓我們以驚訝和另一種對恐懼的理解指出這點——為何這種差別分配至今仍無人將其標示出來。重點不在於駁斥作為情感回應而誕生的「恐懼」，而僅在於探問為何在某些情況下，恐懼成為大多數人的回應，而在其他與暴力交鋒的情況下，恐懼卻顯然缺席。[17]究竟是什麼社會條件和詮釋架構使得恐懼能在特定形式的暴力前出現，而在面對別種暴力時，恐懼又是在何時何地被「排除」為眾人得以尋求的情感回應？

阿薩德提供一則細緻的論證，談論自由主義式的身分認同構成要素，他認為自殺炸彈攻擊把自由主義主體得以凝固的元素給炸碎了，並探詢「自殺式恐怖主義（如自殺核子攻擊）」是否在此意義下也屬於自由主義？」其中一個「讓現代主體性成形的張力」關乎兩種顯然相對的價值：「尊重人命，以及合法摧毀人命。」在什麼情況下，尊重才是首要的？而又在什麼情況下，這種尊重透過訴諸正義之戰與合法暴力而被廢除了？阿薩德說道：「當然，自由主義並不認同在法律框架之外暴力地行使自由。但法律本身便是奠基且持續仰賴於強制性的暴力。」政治自由主義這種矛盾的根柢，透過阿薩德所說的「西方」「現代主體性成形的張力」而為人所知。[18]

這種種張力揭露了現代主體性中的裂隙（rifts），但尤其「現代」的是兩種從彼此分離的準則仍不停游移擺盪，在政治主體性的層面上形構出某種宛如解離性失序[19]之物。矛盾的是，對阿薩德來講，主體在兩個準則（尊重生命、合法摧毀生命）間擺盪的能力使其得以成形，但阿薩德卻沒有解釋為何會出現這種擺盪，也沒有解釋這兩種不同的回應是受什麼隱含的詮釋所制約。我們之所以會想知道這種顯然難以解釋的擺盪是如何發生的，其中一個原因是因為這類擺盪似乎形構出可接受的政治主體性的道德基礎（moral groundwork），也就是說，在當代政治合理性的根柢便有某種非理性的分裂不斷運作。

我認為，阿薩德提供給我們的是一種對特定形式的自由主義主體的批判，並使這類自由主義主體成為我們需要明確指出的政治問題。只有在我們同意不仔細思考這類主體的形構條件、道德

---

17 有關當代恐怖的一種有趣解讀，請見雅德雅納・卡瓦瑞羅（Adriana Cavarero），《恐懼論：當代暴力的命名》（*Horrorism: Naming Contemporary Violence*, New York: Columbia University Press, 2008）。

18 同前注，頁65。

19 譯注：Dissociative disorder通常譯為解離性障礙、解離性人格、多重人格障礙等。筆者此處不採此譯法，一來是「人」或「人格」正是巴特勒質疑的對象，二是「障礙」一詞並無法表現出disorder（dis-：去除、失去＋order：次序、秩序）的意思。

回應、評價主張時，才能將這種主體作為政治的基礎。讓我們回顧一下這類「規範性」辯論過程中提出了哪些根本的主張；舉例來說，不同的「主體」（穆斯林或同性戀主體）站在道德對立的兩端；他們代表了不同的「文化」或「歷史發展中不同的時代」，或無法符應既定的「文化」概念或可理解的「時代」概念。對這類架構的其中一種回應，便是主張主體有不同的建構過程，而大多數版本的多元文化主義都犯下同樣的錯誤，假設他們預先知道主體必定會是什麼形式。這類多元文化主義需要特定形式的主體，但在現實中反倒將這概念性要求，設成對主體的描述和診斷的一部分。什麼樣的主體性形構和生活世界的配置（configurations），遭到這種強迫性的舉動所抹除或阻礙？

奇坦・霸特等社會學家讓我們注意到新的全球主體形構過程中複雜且動態的特質，包含同志與穆斯林身分的跨界、被剝奪基本法律權力者組成的聯盟，以及透過移民構築而成的動態主體位置。這些都無法化約為單一的身分。霸特的概念理解試著生產出另類的詞彙，讓我們以不同的角度思考主體；某種程度上來說，阿薩德選擇從反方向探討這個問題。阿薩德以自由主義設立的政治主體為出發點，讓我們知道這類主體的道德回應和評價方案皆受限於特定文化，而當這種主體的狹隘性將自己過渡為普世的理性時，便在政治上產生了種種影響。把這些立場放在一起看，便會發現它們至少提供給我們兩個不錯的理由，讓我們不再將特定的主體形式視為規範架構中理所當然的元素，也不再認為我們必須把主體化約為身分：時代錯置的風險和將偏狹視作普世性的風險。這類論證並沒有摧毀規範性推理的根基，但的確提出了種種規範性問題，探詢規範性推理的運用範圍是如何被預先劃定。主張我們基於規範性原因來反對盛行的規範性架構，這是件極其重要的事。我再次強調，重點並不在於摒棄規範性，而在於主張規範性探究必須採取批判與比較的形式，如此才不會在不知情的情況下再生產內在於諸種版本的主體的分裂與盲點。這類內在分裂因而無法成為正當化不義判斷的根柢（事實上，它無法成為任何東西的根柢），無法再將某些生命視為值得拯救、某些生命值得屠殺。在此意義下，阿薩德的判斷是在平等主張的支持下，邁向更廣大的平等主義。

我的最後一個重點是，結盟本身需要將主體重思為一組動態的社會關係。動員聯盟不見得形構於既定的主體與可受肯認的主體之間，且兩者皆不仰賴於身分認同式的主張。毋寧說，批判獨斷的暴力、批判公共領域的劃定、批判透過盛行的「文化」概念來實施差別權力，以及批判權利的工具化等，激發了種種不同的聯盟，並使其抵抗強制力並主張種種基本權利。無論是擴充現存架構或容許這類架構被新的詞彙中斷，都會部分決定我們該如何從過往和未來中獲得能量，更精進當前的批判實踐。

某些多元文化主義主張，分離的主體之間各自有對立的觀點；我們若把這種多元主義的理論場域視作理所當然，那問題的解方就會存在於相容性（compatibility）與不相容性的領域之中。我們必須將權利概念擴展至含括所有人，或努力構築出更為堅實的肯認概念，藉此容許不同種的相互關係與未來的和諧。但這理論場域是奠基於一系列的排斥（foreclosures，我在此並非在拉岡意義上使用此詞彙）。因此，我們便遭逢不斷重現於當代政治核心的某種裂隙或分裂。如果特定的生命被視為值得活著、接受保護與弔唁，而其他的生命則否，那麼，這種遭受差別待遇的生命便無法被理解為身分問題或甚至主體問題。我們反倒該問，權利是如何形塑出這些場域，讓某些主體成為可能（或不可能）。要達成這點則需要批判的思考實踐，拒絕把預設主體早已存在、占據共同的公共空間、只要使用正確的工具便能調和主體的差異等的身分政治架構視為理所當然。在我看來，這問題相當迫切，我們需要能夠質疑這類架構的分析，不再將「誰才算是個『誰』」的問題噤聲——換句話說，我們要讓規範不再強迫劃定誰才是可弔唁的生命。

非暴力主張

如果「準則」（principle）的意思是適用於任何情況的強大規矩（strong rule），那我非常質疑「非暴力」是否能成為一種「準則」。但若是我們做出非暴力主張或非暴力對我們提出某種訴求，那情況就不同了。在此意義下，非暴力是一種訴求或呼籲。因此，問題便成為：我們在什麼條件下能回應這類主張？在提出「非暴力」之後，我們如何可能接受這則主張？或說，是什麼讓這則主張得以出現？

能否回應非暴力主張，取決於該主張是如何形塑而成以及被放在什麼框架之內。除此之外，回應的能力也與感官的配置（disposition）或接受性（receptivity）本身的條件有關。確實，回應者受規範強制形塑而成，而這類規範時常行使某種暴力，甚至也可能使該主體感受到暴力。因此，對於訴諸非暴力的人而言，暴力並不是什麼新鮮事；暴力從一開始就不是存在於「外部」。暴力與非暴力不僅是策略或戰術，還形構了主體，並成為構築出主體的可能性，因而使主體形構成為某種不間斷的奮鬥（ongoing struggle）。這麼說無異於主張非暴力是單一主體的奮鬥。然而，既然形塑主體的諸多規範本身即是社會性的，非暴力實踐中的連結便也是社會連結。因此，單數的（singular）非暴力奮鬥者亦處在承認其社會存有論的過程之中。一直以來，這類辯論皆假設我們能輕鬆地把個體實踐與群體行為分開來談，然而，非暴力也許正是對這類二元存有論的挑戰。畢竟，如果「我」是透過社會規範的行動形構而成，且形塑過程不免與構築出「我」的社會連結產生關聯，那麼，每一種形式的「個體性」實際上都是某種社會決定。反過來說，每個團體都不只是與彼此劃出區別，還共同組成一個差異化的裝配（assemblage），而這裝配則將獨一化（singularization）預設為構築出社會性必不可少的條件。

然而，僅透過這類論證並無法回答非暴力問題，即便這些問題在我看來相當重要，都是在批判地思索非暴力時無法迴避的問題。我們必須提出「反對誰的非暴力」（non-violence against whom）以及「反對什麼的非暴力」（non-violence against what）這兩個問題。舉例來說，我們需要在「反對人的暴力」、「反對生靈的暴力」、「反對財產的暴力」或「反對環境的暴力」之間做出區隔。除此之外，有的暴力形式是為了反對暴力或遏止暴力而存在的（如自衛），也有的暴力是以「打擊暴行」、「打擊饑荒」、「打擊人道危機」、「為了奠立民主政治而進行的革命」為名行使的。我無法在這短短一章談論這些重要議題的特殊性與急迫性，但我也許能從更廣的視角描繪出非暴力主張的可能性之條件。非暴力主張是針對哪個主體提出來的？這主張又是透過什麼框架而為人所知？一旦提出非暴力主張，就有可能需要做出許多決定（例如，我們可能聽而不聞），但我認為，如果這則主張要求回應的話，我們就沒辦法那麼輕易將暴力視為理所當然的社會事實。

近期在《差異誌》（*differences*）上的一則交流中，哲學家卡薩琳・米爾斯（Catherine Mills）

請我思索一則明顯的悖論。[1]米爾斯指出，主體是透過某種暴力形構而成，而奠立主體的種種規範本身也是暴力的。如果這樣的話，我們該如何主張非暴力？我們可以先想一想，形構主體的是不是只有規範？而主體形構過程中的種種規範是否必然是暴力的？但我們姑且接受米爾斯的論點，看看該如何回應。

我們的形構過程中或多或少都參雜暴力。性別和種種社會範疇皆不透過我們的意志而加諸於我們，而這類範疇則賦與可理解性（intelligibility）或可受肯認性。也就是說，這種種範疇也同時告訴我們不受理解或只被部分理解的話，可能會有哪些社會風險。即便事實如此（而我的確認為如此），我們仍應能夠主張某種關鍵的斷裂（breakage），亦即在形塑我們的暴力以及我們被形塑後用以讓自身表現得體的暴力之間的斷裂。確實，也許正是因為我們是透過暴力形塑而成的，我們才更應承擔起責任，不該重蹈覆轍主體形構過程中的暴力。我們也許是在權力原本（matrix）之中形構而成，但這並不代表我們餘生都必須忠誠或自動地重構該原本。要理解這點，我們就必須想一下，究竟是什麼被形構出來？準確一點來說：規範究竟形構出了什麼？而這形構是否僅發生一次（在過去發生），或其實是以非線性的方式發生並持續發揮效力？這類規範奠定特定種類的主體（或去除這類主體的基礎〔disestablish〕），而這不僅發生在過去，還在時間流逝之中反覆重寫。規範的運作並非一勞永逸。即便我們能以虛構的方式、興致勃勃地假設一個開端，我們仍不可能描述這類規範的開端。我想，我們也許也能將特定的、「已完成的」主體形構放置於某個時空——即便我認為，這類時序免不了是自欺欺人。例如，性別「從一開始」便對我們施加作用，但性別仍沒有停止對我們施加作用，而性別留下的印記也不會在時間之中開始與結束。毋寧說，這類規範奠定了我們生命的時間性，使其扣連於規範持續不斷的行動，進而連結到過往在現在的延續，而這則使我們無法標示出性別形構的起源與終點。我們無需指涉兩種不同的時間事件（temporal events），也就是說，無需主張主體是在某個時間點受到規範條件所生產，而接著又在另一個時間點與這類條件發生「斷裂」。主體的規範性生產是個反覆的過程——規範不斷重複，而規範正是以重複來持續與「生產條件」的脈絡發生「斷裂」。

若要理解規範為何無法以決定性的形式運作，就必須理解「反覆」（iterability）這個概念。這也許是為何「操演」（performativity）是比「建構」還要來得有用的詞彙。[2] 即便我們能夠描述

1 〈規範的暴力與非暴力：回應米爾斯與珍金斯〉（"Violence and Non-Violence of Norms: Reply to Mills and Jenkins," *differences* 18: 2, 2007）。本章的其中一部分源自刊於《差異誌》的回應。

2 操演性的效果很有可能是（或成為）物質效果，並進而成為物質化過程的一部分。建構論的論爭容易淪入「什麼不是建構出來的」這類問題，因此似乎與一種這類論爭理當避免的形上學產生連結。操演性最終也許意味著從形上學轉向存有論，並解釋存有論的效果是如何讓我們得以重思物質性本身。

規範的「起源」，並在某種虛構的演示之外提供這則描述，這又有什麼用？如果規範的目標無法追溯到其起源（正如尼采以法律慣例為例所表明的），那麼，即便規範源自暴力，規範也不盡然總是必須重蹈覆轍其起源的暴力。如果規範仍持續行使暴力，那麼，規範很有可能並不總是以一樣的方式行使暴力。除此之外，展示起源的暴力其實與反覆生產規範的暴力並無不同。

規範的起源是否侷限了規範未來的一切運作？規範的運作也許能建立某種對時間性的控制，但有沒有另一種或許多種時間性，從反覆運作的過程中萌生而出？這是否至少是一種也許能讓我們試著策畫或呼籲的可能性？我們迫切呼籲的，並非以「全新的未來」為名而與過往一切斷得一乾二淨。「斷裂」充其量不過是隨著規範的反覆結構而來的一系列意義轉變。主張規範是反覆的，正是不接受結構主義對規範的解釋，而是肯定後結構主義的生命延續中的某些物事，不斷思索如存續、繼續、持續發揮效力（carrying over）、延續等概念。是這些概念形構出身體時間性面向的種種任務。

說了這麼多，主要是希望能警惕大家不要將「所有規範性都奠基於暴力」這則命題概括化。這類主張有可能是超出經驗所及範圍的論證，因而無法辨識出規範在哪些社會性案例中的運作是出於別的原因，或「暴力」一詞在哪些案例中無法精準描述權力或力的運作。當然，有許多權力制度都生產並限制了特定的存有方式。但我並不完全確定我們是否該肯定或否定忽視權力、並將暴力視為所有主體形構過程中必不可少之物的超驗命題。[3]

反對暴力的倫理禁令並不等於否定或拒絕主體生產過程中確實存在的暴力。事實上，要理解非暴力的呼籲，也許必須得顛倒上述說法：當我們在暴力中被形構而出（而這裡的「我們」也許是透過在公民生活與私生活中好戰的民族結構所形構而成），且該形構行動延續終身，倫理的困境便出現了。我們該如何從形構出我們的暴力當中倖存下來？該如何在反覆形構的過程中影響或顛覆這種暴力？正是因為反覆性逃離了每一種決定論，我們才得以提出下列問題：我們該如何從形構出我們的暴力之中活下來？這種暴力是怎麼在我之中存活下來的？這種暴力是如何不顧我意願而引領著我——與此同時我也攜帶著這種暴力？而我該以哪種新的價值為名來顛覆或質疑這種暴力？如果能重新賦與這種暴力別的方向的話，我們該如何辦到這點？正是因為反覆性逃過了所有意志論，我才無法隨心所欲拋除我的形構史（history of my formation）。我的存續必然伴隨這段罔顧我意願的歷史，或說我便是作為這段歷史而存續的。我們能否與這段形構性的暴力攜手抵

3 此議題更深入的探討，請見筆者的〈暴力、非暴力：沙特論法農〉（Violence, Non-Violence: Sartre on Fanon,” in *The Graduate Faculty Philosophy Journal* 27: 1, 2006, 3–24）；以及強納森・尤大肯（Jonathan Judaken）編的《沙特之後的種族問題：反種族主義、非洲存在主義、後殖民主義》（*Race after Sartre: Antiracism, Africana Existentialism, Postcolonialism*, Albany: SUNY Press, 2008）頁211–32。

抗特定的暴力結果，並藉此在暴力的反覆中做出些轉變？也許在這裡比較適切的詞應該是「攻擊性」或「侵略性」（agression），或不要用這麼臨床的術語的話，也可以說「憤怒」（rage），因為在我看來，在攻擊性作為暴力而浮現之際，非暴力（當它真的存在時）時常伴隨某種攻擊性的警覺（aggressive vigilance）。因此，非暴力是一場奮鬥，形構出臨床精神分析以及文化精神分析批判的倫理任務之一。

確實，如果主體的製造與延續過程中沒有暴力的話，便無從理解作為倫理「呼籲」的非暴力——因為，如此一來，我們便無需奮鬥、不用承擔義務，也就不會遭逢什麼困難。重點並不在於根除生產出我們的條件，而是承擔起生命的責任，質疑在生產出我們的過程中的決定性力量；換句話說，這種責任善用生產性規範的反覆性，並藉此更進一步善用這些規範的脆弱與可轉變的特質。我的存在的社會條件從來就無法完全順我的意，然而，我的能動性也就源自於這類條件以及其不受意願所決定的效果。我必定與那些我從未選擇的人之間有相互依存關係，我甚至可能永遠不會認識他們。然而，正是彼此的相互依存關係形塑出我的能動性的條件。而即便並非所有不經意願而產生的效果都是「暴力的」，某些效果產生的衝擊的確會造成傷害，而其對身體造成的強制影響則會激起憤怒。非暴力的動態聯繫或「奮鬥」便是由此構築出來。不過，非暴力並不是要將暴力從規範領域中清除，也不是要以別的東西彌補規範領域中的暴力；除此之外，非暴力也無關乎在靈魂中尋找並培育出一塊非暴力淨土，並學著依循其命令而活。[4] 正是因為我們無法與暴力脫鉤，非暴力的奮鬥才得以存在，非暴力的可能性才可能浮現出來。陷於暴力之中意味著這場奮鬥艱困無比，不會一路順遂，但卻是必要的。這跟決定論不同，陷於暴力之中，是非暴力奮鬥的可能性之條件，而這也是為何非暴力奮鬥時常失敗。如果並非如此，那也沒什麼好奮鬥的了，只要將暴力壓抑下來並尋求某種虛假的超越即可。

非暴力不是德行也不是立場，更不是一組能普世運用的原則。非暴力點出受傷的憤怒主體所占據的衝突位置，亟欲行使暴力復仇但卻仍努力不將其付諸行動（而這憤怒時常轉向自身）。反暴力的奮鬥將暴力接受為其可能性。如果沒有接受這點的話，即便我們設想出某種美麗的靈魂，亦即沒有暴力攻擊性的人，那也不會有任何倫理困境或奮鬥；簡言之，世上就沒有任何問題了。這種德行立場或純淨的原則否定或壓抑了暴力，然而，這類立場的成形卻需仰賴暴力。我們必須得將以下兩種立場區隔開來：（一）受傷且憤怒的主體賦與憤怒與傷害人的行徑道德合法性，因此將攻擊性變質為德行，以及（二）主體雖然受傷且憤怒，但仍嘗試限制主體製造出的

4 對甘地來說，非暴力實踐並非靜態的；請見甘地的非暴力書寫：《聖雄甘地：政治書寫選集》（*Mahatma Gandhi: Selected Political Writings*, ed. Dennis Dalton, Indianapolis: Hackett Publishing, 1996）。

傷害，而唯有積極與這類攻擊性奮鬥並反對這類攻擊性，主體才有可能辦到這點。前者將主體道德化，並否定主體施加於他人的暴力，而後者則在遭逢社會暴力與自己的攻擊性（社會暴力與「自己的」攻擊性皆會相互影響）時，使「與反暴力進行道德奮鬥」成為必然。後者接受主體的不純淨以及社會關係中不隨自己意願而產生的種種面向（這也包含了許多明確依循意願而建立的關係之元素），也同樣接受社會生活中遍布攻擊性等概念。遭逢攻擊性與受傷後，復仇的慾望急遽升高，正是在此時，我所說的奮鬥變得更為艱困。也許這僅是個人的奮鬥，但這場奮鬥所觸及的範圍顯然遍及衝突的政治處境，而復仇的慾望也是在同樣的處境中變得更為迫切並充滿道德的確定性。這是在暴力與道德化的這個節點上，我試著主張責任也許能找到另一種不同的寄託（mooring），並藉此鬆動復仇的念頭。

對列維納斯來說，主體在遭逢他者透過臉而與我交流的危脆生命時，暴力是主體會感受到的「誘惑」。這也是為何「臉」同時是殺人的誘惑也是殺戮的禁令。若沒有謀殺的衝動，「臉」便無需防衛任何物事。而臉的無可防衛（defenselessness）顯然激起謀殺禁令所禁止的攻擊性。列維納斯道出了主體在遭逢臉的時候所具備的某種矛盾情感（ambivalence）：殺戮的慾望與禁止殺戮的倫理必然性。[5]

對梅蘭妮・克萊恩而言，這種矛盾情感採取的是另一種形式。她對謀殺性憤怒（murderous

rage）的思辨源於她對哀悼與逝去的分析。[6]對克萊恩而言，我們與「對象」的關係是抹滅與保存（annihilation and preservation）的關係。主體經由內攝（introjection）來「保存」逝去的對象，但這種憂鬱的解方（melancholic solution）可能會導致毀滅性後果。克萊恩認為，經歷逝去的主體有種強烈的攻擊性：逝去的「他者」透過某種內攝性的吞噬效應（introjective cannibalism）而在心理層面上被「消化」了。建立於心理層面的他者在內部持續遭受「痛斥」（berated）。根據克萊恩的說法，某種批判的聲音便浮現了出來，並標示出「道德虐待傾向」（moral sadism）。[7]這種道德的虐待傾向與先前提及的暴力的道德化相互呼應。逝去的他者被內化（作為保存該他者的方式），但也同時遭受痛斥（不只是因為他者的「離開」，也是愛的關係的矛盾情感所導致的結果之一）。因此，憂鬱的解方重新賦與自我結構的方法，正是不斷地將逝去的他者保存並不斷地摧毀這個他者，兩種過程都無法有個最終的結論。對他者的憤怒以及對他者的逝去的憤怒建

5 我在《危脆生命》的最後一章探討了列維納斯與殺戮禁令的關聯。本章所引述的列維納斯思想出自伊曼紐爾．列維納斯，〈和平與趨近〉（"Peace and Proximity," *Basic Philosophical Writings*, Adriaan T. Peperzak, Simon Critchley, and Robert Bernasconi, eds., Bloomington, W: Indiana University Press, 1966, 161-9）。

6 克萊恩，〈論躁鬱狀態的心理成因〉，頁115-46。

7 同前注，頁122-3。

構出了一種反身性的轉向（a reflexive turn），而這轉向主體的憤怒建構出倖存主體那自我抹除的獨白。被保存之物必須妨礙這種自我抹除的傾向，但這自殺性的風險便在於，以克萊恩的詞彙來講，自我會以自己作為代價，想辦法保存他者與他者的理想性（the ideal）。逝者仍會潛在地被認為是受倖存自我所摧毀的他者，而這，非常矛盾地，是以自己的生命為代價、拯救逝去的他者的唯一方式。

這裡需要點出的一個重點是，克萊恩所描述的、與憂鬱相關的矛盾情感，是能在普遍的愛與依附的條件之中發現的。對克萊恩來說，憂鬱將對象內部化，而這對象設立了一種迫害場景，創造出讓自我無以存續的處境，並促使自我將內部的對象給驅逐在外，且通常不在乎這對象是「好」或「壞」（克萊恩意義上的好壞）。佛洛伊德在〈哀悼與憂鬱〉（*Mourning and Melancholia*）中追溯了超我內化並轉化逝去他者的運作，他觀察到，他者變為一種指責的聲音，而這聲音所言之物，正是自我會對他者說的話——如果他者還活著、能聽見被留下的人的告誡的話。[8] 對缺席的他者所提出的批評與指責，都轉向一種反對自我的內在聲音。一直以來無法對他者說出的指責，最終只能對自我說出來，而這則成為一種讓他者免於自己的控訴聲音的方式——即便他者已然死亡。自己的控訴轉向自身以「拯救他者的生命」，成為抹除自我的潛在工具。這引起的結果便是，若要讓自我存活，就得讓他者死亡，不過，當「讓他者死亡」太接近「謀殺」或「承擔起他者之死那不可能的責任」時，這種方式便舉步難行。我寧可取我的生命也不願成為謀殺者，即便奪走自己的生命便是讓自己成為自我的謀殺者。當憂鬱者對自我的猛烈批評具備自我抹除的力量時，誰還需要阿圖塞或警察？警察無需召喚憂鬱者，憂鬱者的聲音便已對自我發起犀利的控訴。可活的良知與不可活的良知之間的差別在於，自我的謀殺者在前者僅是部分、昇華（sublimated）且虛假的，無法成為自殺或謀殺，也就是說，很矛盾地，只是一種有機會對抗毀滅性暴力的虛假良知。

克萊恩將在憂鬱中加劇的超我重塑為心理層面的奴役（psychic servitude）並如此描述：「自我（ego）愛的對象那極端殘酷的要求和指責已安置於自我之中，而當自我遵守這些要求和指責時，自我便屈服於奴役狀態。」她繼續說道：「這些嚴苛要求的目的在於支持自我，使它能對抗它那不受控的仇恨與攻擊性的對象（而自我也部分認同這個對象）。」[9]這裡還有一個重點，道德化（moralization）為「殘酷的要求和指責」的聲音促成了超我的形構。超我主要並非被豎立為對力比多慾望的束縛，而是個迴圈，能挪用並延緩原初攻擊性與其帶來的毀滅性後果。超我因此能

8　佛洛伊德，《哀悼與憂鬱》（*Mourning and Melancholia*, 1917, trans. James Strachey, Standard Edition, 14: 243–58, London: Hogarth Press, 1957）。

9　克萊恩，〈論躁鬱狀態的心理成因〉，頁123。

在自我對抗其「不受控的仇恨」時，支持自我。自我整頓自己對自己的攻擊性，因而向一種危險的自我獻祭（self-sacrifice）前進。

還好，這並不是個封閉體系，更不是某種為主體打下根基的存有論，因為這種經濟是能夠改變、且的確會改變的。作為內在於這種經濟的不穩定之指符，「毀滅」驅動主體的同時也驅動了保存。就像列維納斯一樣，克萊恩也論及對象為了安好（well-being）而產生的「焦慮」。這個主體從起初便是矛盾的，因而能在衝突中占據不同的位置。自我與對象（無論生死）的關係讓自我感到焦慮、悔恨，同時也產生「責任感」，保護自己不受迫害者（自我自己的毀滅性衝動形塑而成的心理形象）所摧毀，並保護自己愛的物事不受自己迫害。自我的迫害能力碎為片簡，並指涉出（透過攻擊而）與對象的分離，以及這種（解體形式的）毀滅的復返。[10]克萊恩因而指出，在這種心理場景中，碎裂的對象的每個片簡都再一次成長為迫害者。自我並不只害怕它自己生產出來的碎裂化的鬼魂；對於自我的對象，自我也同時感到憂傷，並回應對象那即將到來的逝去——它能、也許或會將此「逝去」設立為自身的毀滅性所帶來的後果。

誠如我先前在第一章所指出的，對克萊恩而言，罪惡感的目的是避開無法承擔的逝去的可能。罪惡感的「道德化」僅是次要、甚至是扭曲的看法。如果在此有任何道德發揮作用的話，那只是因為這個「我」需要他者才得以存續，這個「我」無可避免地是關係性的（relational），且僅透過他人的支持並不足以使「我」存在，我若要存在，還得透過形構出得以向他人對話的能力。在這點上，我們能考慮從克萊恩轉向溫尼考特（Winnicott）。對溫尼考特來說，問題在於愛的對象能否在我們的愛中存活下來，能否在承擔特定的壞毀之後，仍作為對象而存在。[11]但對克萊恩而言，保存對象不受我們的毀滅性所影響，最終化約為我們對自身存續的恐懼。

然而，對這兩個顯然相對立的立場，毀滅性都替主體帶來了不少問題。即便攻擊性能與人並存（並隱約鬆動了對人類動物的人類中心理解），毀滅性被活出來的方式卻大有不同。確實，毀滅性能成為某種「非道德化」的責任感之基礎，讓我們保護他者免於毀滅。這正是不同於道德虐待傾向的出路。道德虐待傾向是這樣一種暴力：它以正直的立場將自己奠基於一種「純淨」的倫理之中，而這種倫理是藉由拒認暴力而鍛造出來的。這也是不同於將暴力存有論化的出路——原先，暴力的存有論化被認為是結構性地固定且決定了主體，因此預先排除了所有守護他人生命的

---

10 「自我因而發現自己面臨著以下心理事實：它愛的對象處在消解的狀態之中，化為碎片，而認識到這點所帶來的絕望、悔恨與焦慮，則處在無數焦慮處境的根柢。」〈論躁鬱狀態的心理成因〉，頁125。

11 D・W・溫尼考特，〈過渡性對象與過渡性現象〉（"Transitional Objects and Transitional Phenomena," *International Journal of Psychoanalysis* 34, 1951/1953, 89–97）。亦請見《遊戲與現實》（*Playing and Reality*, London: Tavistock Publications Ltd, 1971）。〔中譯本請見朱恩伶譯，《遊戲與現實》（心靈工坊，二〇〇九）。〕

倫理承諾之可能。

在此，我們能看見道德虐待傾向與責任之間的重要區隔。道德虐待傾向是一種假德行之名而行使的迫害，但責任卻同時「擁有」攻擊性與倫理命令，要求我們以非暴力的方式解決種種憤怒的要求。自我之所以如此，並非因為它服從於形式法（formal law），而是因為它要保護他者不受自己潛在的毀滅性所害。為了保存他者的危脆生命，自我便將攻擊性形塑成不同種的表現形式，藉此保護自己愛的對象。攻擊性因此限制了它暴力的置換（violent permutation），將自身從屬於愛的主張，並藉此擁戴並保護他者的危脆生命。對克萊恩來講（列維納斯亦是如此），責任的意義與焦慮緊緊相連，這種焦慮保持開放、不透過拒認來解決模稜兩可的處境，且反倒讓特定的倫理實踐得以出現；這實驗性的倫理實踐希冀保存生命，而非毀滅生命。這並非非暴力的準則，而是實踐，完全有可能出錯的實踐。非暴力實踐傾聽生命的危脆，並時時關注生命何時被轉變為非生命。

正是透過不停地質疑權力，才使得行使或不行使暴力的問題浮現出來。並不是只有優勢者才有立場決定暴力是否是解決問題的最佳途徑。恰恰相反：很悖論地、甚至令人感到痛苦地，是否反擊、且若反擊該採取何種形式等決定，亦是被剝奪者的義務。舉例來說，在面臨巨大國家暴力時，非暴力的問題可能顯得愚蠢或無關緊要。但也許在某些情況下，非相互性的暴力行徑反倒比起別的行動還更能揭露國家單方面的殘暴。我不確定非暴力是否能守護靈魂的純淨，但非暴力的確承認某種社會連結，即便這連結遭受別處而來的暴力攻擊所侵犯，亦是如此。

國家暴力通常透過構想無上主體（sovereign subject）來表述自身。無上主體不受他者侵擾，而其行動條件與行動範圍亦非由永久且不可逆的可受傷性所形成。這種至高無上的位置不僅否定構築出自身的可受傷性，還試著將可受傷性重新定位於他者，並將其視為傷害他者所產生的效果、將該他者揭露為可受傷的。如果暴行是重新界定出「被侵犯的能力」（the capacity to be violated）的方法之一，而我們所受的侵犯總是來自於別處，這便產生出一種表象，彷彿實行暴力的主體不受暴力所滲透。完成這種表象成為暴力的目標之一；無上主體藉由傷害他者而將可受傷性界定為他者所具備的特質，並將受傷的印記（sign）視為他者的真理。即便暴力的首要目標是確保一種不可能的主宰效果（effect of mastery），並透過毀滅性的手段來確保自身的不可侵犯和不受滲透，一旦暴力被「正當化」為「合法」或甚至「符合德行」時，這個場景便開始道德化了。

承認可受傷性無法替非暴力政治帶來任何保障。但差別在於，我們會將危脆生命與可受傷性視為普遍化的條件，而非以差別的方式標記出特定文化身分，亦即無視歷史情境、單純主張遭受迫害或傷害的文化主體所具備的復發性特徵（recurrent feature）或永久特徵。在無上主體的案例中，「主體」讓我們無法理解共享的危脆性與相互依存條件。而若承認可受傷性，「主體」則被重新建立（re-installed）並被其所受的傷害（過去）以及可受傷性（當下與未來）所定義。[12]如果某個主體將自己視為打從一開始便已是受傷或受迫害的，那麼，無論這個主體犯下什麼暴行，這類暴行都無法被視為「造成傷害」，因為行使暴行的主體預先排除了造成傷害的可能性——這類主體只會受傷、不會傷害。因此，主體若是奠基於這類受傷狀態而生產出來，便會製造出永久將自己的暴行合法化（並拒認暴行）的根柢。只要無上主體拒認其可受傷性，並將其視作位於他者之中的永久貯存庫（permanent repository），被迫害的主體便能拒認其暴行——無上主體已將自身先驗預設為被害者，因此沒有任何經驗性的行徑能駁斥這則預設。

如果非暴力有機會在此浮現出來，那它的起點不會是源自對眾人的可受傷性之肯認（無論這點是多麼無可否認），而是源自於理解到自己對他者犯下暴行的可能性。我們與他者緊密相連，即便我們從未選擇、從不知道他們是誰。這些人與我的關係，先於契約的規定與要求。他者對我提出訴求，但我要在什麼條件下才得以聽見或回應他們的訴求？在列維納斯的脈絡下來看，單純認為他者對我的訴求先於我的「知」、並使我開始成我所是，仍是有所不足的。在形式上這也許是真的，但如果我沒有能回應他者並讓我在這社會生活與政治生活中認識他者的條件，這真理對我來講一點用也沒有。這種種「條件」不只包含我個人的資源，還含括許多讓回應得以可能的中介形式與框架。換句話說，他者透過種種感官對我提出訴求，而種種感官部分是由多種媒介形式形構而成：聲響與聲音的社會組織、影像與文本的社會組織、觸覺與嗅覺的社會組織。如果我要接收到他者的訴求，這訴求就得透過中介而來，也就是說，我們以非暴力回應的能力（反對特定的暴行或在遭受暴力挑釁時遵從「不作為」〔non-act〕原則）亦仰賴特定框架，而我們亦是透過這些框架來獲得這個世界、透過這些框架來圈限出顯現的領域（domain of appearance）。非暴力主張不僅將我召喚為必須做出決定的個體。如果該主張生效，那我便不再那麼像個「自我」（ego），而比較像是與他者不可分離且不可逆地相連作伙，存在於一種普遍化的危脆與相互依存的條件之中，並受我從未選擇的他者所影響、驅策並形塑而成。非暴力的禁令總是預設在某些場域中，我們與他者的關係迫使我們承擔起非暴力。正因為場域難免必須劃出界線，我們也只有在區別出「不應遭暴力對待的人」以及「單純不受禁令所『涵蓋』的人」才可能提出非暴力訴求。

若非暴力禁令有任何意義，首先便必須得先超克這種差別的預設，也就是這種概略且未理論化的非平等主義，這種預設的運作影響了所有知覺性的生命（perceptual life）。如果非暴力禁令

12　我在此仍須感謝溫蒂・布朗的《受傷狀態／受傷國家：晚期現代性的權力與自由》（*States of Injury: Power and Freedom in Late Modernity*, Princeton, NJ: Princeton University Press, 1995）中的第三章〈受傷的依附〉（"Wounded Attachments"）給我許多啟發。

要避免成為空談，我們就必須同時介入區別出哪些生命才算作可活且可弔唁的生命之種種規範。只有在所有生命皆可弔唁（必須以前未來式來理解）時，非暴力的呼籲才能避免與認識論上的不平等主義落入共謀關係。因此，犯下暴行的慾望總是伴隨著害怕暴力回歸的焦慮，因為暴力場景中所有潛在的行動者都同等脆弱。即便這種洞見是經過計算暴行的結果而出現的，它仍見證了一種先於任何計算的、存有論層面的相互關係（ontological interrelation）。危脆並非特定策略所產生的效果，而是所有策略都具備的普遍化條件。對平等的認識因而源自這種不可免的、共享的條件，但我們在思想層面上很難堅守這條件：非暴力正是源於在平等之中對危脆性的認識。

要達到此目標（非暴力），我們不必事先知道「生命」會是什麼，僅需找尋並支持讓生命主張得以出現並被聽到的再現與顯現形式（這樣一來，媒介、媒體與存續之間皆有所關聯）。與其說倫理是種計算，不如說是接受到訴求且能持續提出訴求，而這在全球層面上來說便意味著，所有倫理都需要一種持久的翻譯實踐——語言之間的翻譯，以及種種媒體形式間的翻譯。[13]是否實行暴力的倫理問題，只有在與「你」這個可能遭我傷害的對象相關時才會浮現出來。如果沒有「你（們）」或「你（們）」是不被聽到、不被看到的，那麼，這世上便沒有任何倫理關係。主權與迫害等的排除手段會使我有可能失去「你（們）」，而在主權或迫害都不認為自己與彼此相關聯時，尤其如此。確實，這類主權形式所產生的效果之一，正是使我「失去你（們）」。

因此，非暴力似乎要求我們在顯現領域與感官領域奮鬥一番，探詢如何最好地組織媒體，藉此超克可弔唁性的差別分配，並將生命視為值得活下去或視作活生生的生命。這同時也要求我們反對某些政治主體的概念，這類概念預設其中一方獨占（monopolized）可滲透性與可受傷性，而另一方則能完全拒絕這些特質。沒有主體能獨占「遭受迫害」或「迫害他人」，即使深厚沉積的諸多歷史（密集混合的反覆形式）生產出這類存有論效果時亦然。如果澈底不受滲透性的主張最終皆不能被接受為真，那麼，我們也不能接受澈底的可迫害性。這種框架錯誤且不平等地分配可受傷性，而質疑這種框架便是質疑支持當前在伊拉克、阿富汗、中東地區的戰爭的框架。非暴力主張不僅需要種種條件讓這主張得以被聽見與實施（沒有呈現形式的話，就不可能有任何「主張」），憤怒還必須得找到一種訴說的方式，讓此主張能被他者聽見。在此意義下，非暴力並非和平的狀態，而是一種社會與政治層面的奮鬥，致力於讓憤怒被聽見並產生效力——亦即經謹慎形塑的「我操咧」（carefully crafted “fuck you”）。

13　請見山茁・伯曼（Sandra Bermann）、麥可・伍德（Michael Wood）與艾蜜莉・雅佩特（Emily Apter）合編的《民族、語言與翻譯的倫理》（*Nation, Language, and the Ethics of Translation*, Princeton, NJ: Princeton University Press, 2005）。

事實上，要實踐非暴力，就必須反對暴力（兩者緊密相連）；不過，這裡必須要重申，我們反對的暴力並不僅從外部而來。我們所說的攻擊性與憤怒有可能會消滅他者，但如果我們「就是」共享的危脆性，那麼，我們便有可能消滅我們自己。之所以會有這種情況發生，並非因為我們是分離的主體、計算著彼此的關係，而是因為，我們早已是透過能將我們連結並分離的聯繫所構築而成，而這是先於所有計算的。從存有論層面來看，這類連結形成與否，先於所有主體的問題，且事實上是主體性的社會條件與情感條件。這條件也同樣在心智生活的核心設立某種動態的矛盾。主張我們有「需求」因而便等同於說我們「是」誰的這個問題，牽涉到一種無可避免、不斷在依存與分離之間反覆的奮鬥，且這有待克服的問題不僅存在於童年階段。這並不只是「某個人的」奮鬥或「其他人的」奮鬥，而是在「我們」的根柢上的「裂開」（dehiscence），我們也是透過這條件而激情地與彼此相連——充滿憤怒與慾望，充滿謀殺與愛。

不越過界線便是活出界線，活在憤怒與恐懼的兩難之中，並尋求一種不會讓我們太過透過單一決定便化解焦慮的行為模式。當然，決定實踐非暴力並沒有不好，但決定畢竟沒辦法成為非暴力奮鬥的基礎。「決定」增強了那個做出決定的「我」，有時甚至得以犧牲關係性為代價。因此，問題並不真的在於主體該如何行動，而在於若認識到普遍化的危脆條件或澈底平等的可弔唁性，因而拒絕行動的話，這種拒絕是什麼樣的拒絕。即便「拒絕行動」本身都無法精準掌握到這種停下來的行動是採取什麼形式，也無法知道要採取什麼形式才能構築出非暴力的不行動之行動[14]。當然，還有別種方式能停止這些反覆將戰爭視為日常理所當然之事的行動。癱瘓基礎設施，讓軍隊無法再製自身，這不但是一種拆解大型軍事機具的方式，也能抵抗徵兵和收編。當暴力的規範被永無止境、不被中斷地反覆形塑時，非暴力便要停下這種反覆，或將其重新導向，使其反對原先驅動自己的目標。當這反覆以「進步」（文明或別的東西的進步）為名持續時，我們也許該聆聽班雅明犀利的洞見：「也許革命只不過是人類在進程列車上尋找緊急煞車罷了。」[15]

尋找煞車是一種「行動」，但這種行動致力於預先阻止一系列反覆行動表現出的冷酷——這類行動將自己定位為歷史的推動力本身。也許「行動」的獨一性與英雄氣概太被高估了，進而使我們無法看見這反覆的過程中，迫切需要批判性的介入，而「行動」也可能另一種手段，再次透

---

14 譯注：「非暴力的不行動之行動」原文為non-violent operation of the strike，直譯應為「非暴力的罷工運作」。不過，strike不只是罷工，也可是罷課，基本上是「停下原先所作所為」的意思，在此指的是認識到所有生命共享的危脆性之後，拒絕再繼續原先（尚未認識到危脆性時）的行動。換句話說，「拒絕行動」本身是種行動（拒絕），亦是不行動（拒絕原先的行動）。

15 華特・班雅明，《著作集》（*Gesammelte Werke*, Frankfurt: Suhrkamp Verlag），第一冊，頁1232。亦請見拙作〈班雅明〈暴力批判〉中的批判、強制與神聖生命〉（"Critique, Coercion, and Sacred Life in Benjamin's 'Critique of Violence'," in *Political Theologies*, ed. Hent de Vries, New York: Fordham University Press, 2006, 201-19）。

過犧牲關係性的社會存有論而生產出「主體」。當然，關係性並非什麼烏托邦的詞彙，而是一種能讓我們重思情感的架構（塑造新的框架），而這種種情感不免在政治場域中連結起來——恐懼與憤怒、慾望與逝去、愛與恨等等。這種種只不過是換個方式主張：當我們處在一種痛苦的狀態時，持續回應他者的平等主張（要求庇護與可活性和可弔唁性的條件）是最為困難的。然而，我們必須得在這令人困擾不堪的位址中奮鬥，努力回應平等帶來的諸多苦難；我們很難肯定這種平等，且這種平等仍有待平等主義的辯護者將其理論化，並以一種難以捕捉的形式在理論的情感與知覺面向中發揮效應。在這類情況下，當行動以他人為代價而再生產主體時，不行動反倒是破除反身性的封閉迴圈，重拾那使我們連結與分離的聯繫，並激昂地承認並要求平等。不行動甚至是種抵抗模式，尤其當它拒絕並摧毀讓戰爭不斷得以可能的框架時，更是如此。

致謝

這幾篇論文寫於二〇〇四年與二〇〇八年之間，並在此期間反覆修訂。雖然有些文章早先曾以不同形式發表，但為了此書的目的，這些文章大體上都已經過修訂與校正。第一章〈可存續性、脆弱性、情感〉（Survivability, Vulnerability, Affect）由巴賽隆納當代文化中心（Centre de Cultura Contemporània de Barcelona）於二〇〇八年以英語和加泰隆尼亞語出版。〈刑求與攝影的倫理〉（Torture and the Ethics of Photography）早先發表於皇家地理學會（Royal Geographical Society）的期刊《社會與空間》（*Society and Space*）以及《戰爭與恐怖時代的顯現政治：媒體、權力與性別關係》（*Bilderpolitik in Zeiten von Krieg und Terror: Medien, Macht und Geschlechterverhältnisse*, ed. Linda Hentschel, Berlin: b-books, 2008）。第二章則源自我二〇〇五年十二月發表於《現代語言協會會刊》（*PMLA*）的〈攝影、戰爭、憤怒〉（Photography, War,

Outrage）。〈性政治、刑求與世俗時代〉（Sexual Politics, Torture, and Secular Time）最早出現於二〇〇八年三月的《英國社會學期刊》（*British Journal of Sociology* [59: 1]）。〈以規範性為名的非思〉（Non-Thinking in the Name of the Normative）則奠基於我在《英國社會學期刊》（British Journal of Sociology [59: 2]）中，對〈性政治〉一文的幾則看法的回應。〈非暴力主張〉（The Claim of Non-Violence）則改寫自二〇〇七年秋季發表於《差異誌》（*differences* [18: 2]）的〈規範的暴力與非暴力：回應彌爾斯與堅金斯〉（Violence and Non-Violence of Norms: Reply to Mills and Jenkins）。整個文本的論證則開展於二〇〇八年春季我在巴黎高等師範學院（École Normale Supérieure）與法國高等研究院（École des hautes études）的系列研討會。

在此需感謝過去幾年與我對話的人，他們提供我許多想法，也改變了我的思維：法蘭斯・巴特考斯基（Frances Bartkowski）、艾提安・巴禮巴（Étienne Balibar）、傑・伯恩斯坦（Jay Bernstein）、溫蒂・布朗（Wendy Brown）、尹淑茶（Yoon Sook Cha）、亞立珊卓・察心（Alexandra Chasin）、湯・杜姆（Tom Dumm）、撒美拉・艾斯美（Samera Esmeir）、米歇勒・費鄂（Michel Feher）、艾希克・法桑（Eric Fassin）、法耶・金斯伯格（Faye Ginsburg）、喬蒂・葛林尼（Jody Greene）、艾咪・育帛（Amy Huber）、納奇拉・古恩尼福—索以拉馬斯（Nacira Guénif-Souilamas）、夏儂・傑克森（Shannon Jackson）、費歐納・詹金斯（Fiona Jenkins）、

琳達・漢其勒（Linda Hentschel）、沙巴・曼姆（Saba Mahmood）、寶拉・馬拉提（Paola Marrati）、曼迪・梅爾克（Mandy Merck）、卡瑟琳・彌爾斯（Catherine Mills）、羅莫納・那達夫（Ramona Naddaff）、丹尼斯・來莉（Denise Riley）、雷堤希雅・撒不塞（Leticia Sabsay）、蓋爾・沙拉盟（Gayle Salamon）、金相和（Kim Sang Ong-Van-Cung）、瓊恩・W・斯格特（Joan W. Scott）、卡雅・希爾曼（Kaja Silverman）和琳達・威廉斯（Linda Williams）。感謝加州大學柏克萊分校的人文研究計劃，以及支持我完成此書的院長珍奈・波頓（Janet Broughton）。感謝科林・貝爾（Colleen Pearl）和吉爾・斯桃佛（Jill Stauffer）協助我編輯此書的草稿（即便如此，所有的錯誤仍歸於我）。感謝左頁出版（Verso）的湯・潘恩（Tom Penn）給與此計畫的鼓勵與編輯工作。本書獻給我的學生，是他們觸動並改變我的思想。

本書書稿在歐巴馬當選美國總統後的一個月完成，而我們仍需檢視在其執政下，有沒有任何減輕戰爭的具體措施。某種程度上來說，之所以撰寫這幾篇文章，是為了回應布希政權所發動的戰爭，但我很清楚，此處的反思並不僅限於該政權的痴心妄想。對戰爭的批判源自於戰爭的發動，但其目的則在於重思社會連結的脆弱特質，並省思有哪些條件能讓暴力不再如此可能，讓眾生同樣是可弔唁的（grievable），並因而同樣是可活的（livable）。

譯者解說

探究巴特勒的哲學思路

一、麻煩的哲學家

對當代西方人文或公共知識界稍有涉獵者，應該都對巴特勒（Judith Butler）不陌生。巴特勒生於一九五六年，自幼接受尤太教育，並在拉比的指導下開始接觸哲學。但巴特勒是個麻煩人物，她坐不住又問題一堆，時常在班上被老師當眾斥責。也正因如此，她很早就對以《倫理學》（*Ethics*）聞名於世的史賓諾莎（Spinoza）感興趣——史賓諾莎跟巴特勒一樣是不被尤太社群接受的尤太人。從此之後，巴特勒開始大量閱讀尤太思想家，舉凡漢娜．鄂蘭（Hannah Arendt）、布伯（Martin Buber）、列維納斯（Emmanuel Levinas）、德希達（Jacques Derrida）等，都是她對話的對象。

上大學後，巴特勒主修哲學，並於一九八四年取得耶魯大學博士學位。巴特勒在求學期間曾於海德堡大學（Universität Heidelberg）進修一年，在高達美（Hans-Georg Gadamer）、亨利希（Dieter Henrich）等知名學者門下研究黑格爾與德意志觀念論。而在八〇年代的耶魯大學哲學系裡，她主要接受的是歐陸哲學傳統的訓練，鑽研黑格爾、馬克思、齊克果（Søren Kierkegaard）、海德格、梅洛龐蒂（Maurice Merleau-Ponty）等人的思想。[1]

巴特勒的博士論文於一九八七年出版，定名為《慾望主體：黑格爾在二十世紀法國的迴響》。不過，真正讓她享有盛譽的，卻是一九九〇年出版的《性／別惑亂：女性主義與身分顛覆》（*Gender Trouble: Feminism and the Subversion of Identity*）。[2]在此書中，巴特勒再次以「麻煩」（trouble）的姿態現身。她援引傅柯（Michel Foucault）、德勒茲（Gilles Deleuze）、佛洛伊德（Sigmund Freud）、拉岡（Jacques Lacan）等人的思想來閱讀（法國）女性主義著作，掀起所謂「第三波女性主義」。

不過，巴特勒的著作在世界各地造成迴異的迴響。舉例來說，在九〇年代，她的理論透過許多學者引介進台灣，對於婦女運動以及同志運動有相當深遠的影響[3]；在法學界，她對性別、戰爭、人盾（human shields）與國際法的批判，激起熱烈的討論[4]；在英語世界，她以性別理論和「危脆性」（precarity）最為知名，但同時也有不少人抱怨她操著「歐陸語言」跟「晦澀理論」，至今許多人仍不認為巴特勒是哲學家[5]；在法語世界，她對傅柯和黑格爾的詮釋獲得廣大迴響，也與馬拉布（Catherine Malabou）和巴禮巴（Étienne Balibar）等當代思想家有許多往來。[6]至

---

1 這部分請見巴特勒的博士論文平裝版前言：巴特勒，2012，《慾望主體：黑格爾在二十世紀法國的迴響》（*Subjects of Desire: Hegelian Reflections in Twentieth-Century France*, Columbia UP），頁xiii。

2 中文譯本請見：巴特勒，二〇〇八，《性／別惑亂：女性主義與身分顛覆》，林郁庭譯，桂冠。

3 請見張小虹，一九九五，《性別越界：女性主義文學理論與批評》，聯合文學。

4 請見倫敦政經學院（LSE）於二〇一五年邀請巴特勒所做的演講〈人盾〉（"Human Shields," *London Review of International Law*, Vol. 3, Issue 2, Sep. 2015, 223–243）；亦可參考倫敦大學伯貝克學院（Birkbeck College）法學者洛伊奇杜（Elena Loizidou）的研究專書：洛伊奇杜，2007，《巴特勒：倫理、法、政治》（*Judith Butler: Ethics, Law, Politics*, Routledge）。

5 例如，在一九九八年，巴特勒便獲頒「爛寫作獎」（Bad Writing Contest）首獎。巴特勒也不甘示弱，在《紐約時報》（*The New York Times*）撰文回擊。除了追問「啊我的獎金咧？」以外，她也好奇，以比較不符合主流品味的語言書寫，是否便代表是「爛寫作」？請見巴特勒，一九九九年三月二十日，〈「爛作者」反咬一口〉（"A 'Bad Writer' Bites Back"），刊於《紐約時報》：https://archive.nytimes.com/query.nytimes.com/gst/fullpage-950CE5D61531F933A15750C0A96F958260.html。

6 請見布盧傑（Fabienne Brugère）和勒布朗（Guillaume le Blanc）合編，2009，《巴特勒：主體的困擾、規範的麻煩》（*Judith Butler. Trouble dans le sujet, trouble dans les normes*. PUF）；巴特勒與馬拉布，2010，《當我的身體：從當代角度閱讀黑格爾的主奴辯證》（*Sois mon corps. Une lecture contemporaine de la domination et de la servitude chez Hegel*. Bayard）以及巴禮巴，2016，《普世者》（*Des Universels. Essais et conférences*. Éditions Galilée）。

此，讀者不難發現，巴特勒的身影出現在當今許多學術領域中，我們究竟該從哪裡著手，理解巴特勒一貫的關懷呢？

二、肯認與「否定的勞動」

筆者認為，也許我們能循著巴特勒自己的說法來閱讀巴特勒：「某種程度上，我所有著作都仍圍繞特定幾組黑格爾的問題：慾望與肯認（recognition）之間的關係是什麼？為何主體的構築與他異性（alterity）之間有某種徹底且建構性的關係？」[7]

這段話寫於一九九八年，但黑格爾、慾望、肯認等問題，皆反覆出現在巴特勒的著作中。即便在《戰爭的框架》中，黑格爾也出現不下十次，而肯認、慾望等黑格爾式的概念亦在每章中扮演重要角色。如能釐清這些重要概念，也許能讓更多讀者進入巴特勒的思路。

在黑格爾的巨作《精神現象學》中，黑格爾描述了我們是如何一路從單純的、近乎動物性的生命，發展到擁有理性與倫理的意識。黑格爾以感性確定性（sensuous-certainty）指稱意識最為單純的形式，在這狀態下，「我」只能確定眼前的東西，沒辦法思考眼前之物具備什麼意義；換句話說，「我」甚至沒辦法知道「我」的存在，只能簡單地指出「這個」、「那個」。

然而，就在此時，矛盾浮現了出來：我既然沒有思考，只是直接地與這個世界接觸，那我要怎麼知道我知道的「這個」究竟是什麼？換句話說，我既知道「這個」又不知道「這個」——我不知道這個是什麼。意識的自我發展過程中，逐漸遭逢許多類似的矛盾，並藉由化解這種種矛盾使自己更進一步、更接近完滿、更認識自己。

這種不斷遭逢困難、不斷否定，藉以理解更多的經驗，便是黑格爾所說的「否定的勞動」（labor of the negative; Arbeit des Negativen）。巴特勒提醒我們，《精神現象學》是部成長小說（Bildungsroman），而故事主角——黑格爾式的主體——在探險的過程中不斷受挫、不停否定自身先前的見解，藉此陶冶（culture; Bildung）自己，並對自身有更深刻的認識。[8]

不過，在意識要轉變為自我意識時，出現了一個問題：「我」突然發現，這世上還有別的意識，而且每個「意識」都是一個「我」。我說：「我是自我意識。」另一個自我意識也說：「我是自我意識。」我們都是自我意識，但我不是你，你不是我。先前的「既成立也不成立」又出現了。

---

7 《慾望主體》，頁xiv。

8 《慾望主體》，頁20-1。

至此，有趣的地方在於，意識原先並無法區辨你我，只有在遭逢別的意識時，意識才會知道「自己」原來不是「別人」。換言之，若是在一個沒有他者的世界，「我」便無從知道「我」是誰；唯有他人的存在，才能讓我劃出界線，進而知道「我」是我，而不是其他人。這樣一來，「認識自己」最根本的條件便不是我的反省能力或智識程度，而是他者的存在。我必須依靠其他人來認識自己。然而，在這種情況下，我們便不免遭逢某種弔詭：與其直接且不經反思地說「我就是我」，我們反倒該說「我不是不是我」。

在這種情況下，黑格爾說道：「它們（兩個自我意識）**肯認自己，一如相互肯認彼此**。」[9]但黑格爾補充道，「自我意識起初會展現出兩者間的不平等面向（……），其中一方僅受肯認，而另一方僅肯認（對方）。」[10]也就是說，我們一開始並不知道相互肯認的重要性，我們的慾望僅單方面要求對方肯認自己，因而展開了宰制與奴役，亦即所謂「主奴辯證」的角力。

在雙方的「生死搏鬥」（**life-and-death struggle; Kampf auf Leben und Tod**）之中，其中一方不停地要把另一方貶低到生物性生命的地位，藉此證明自己是個不需要他人的自足主體（**self-sufficient subject**）。然而，自我意識正是在此發現他者的重要性：如果他者死了，那他者便沒辦法肯認我；如果他者被我奴役，那奴隸也沒有資格肯認主人。若維持這種不平等的關係，最終反倒會失去自我的確定性——抹滅了他者，我就再也無法知道自己是誰。[11]

三、戰爭的框架與框架的條件

在巴特勒看來，黑格爾明確點出了相互依存的重要性與慾望的弔詭：我的慾望驅使我主宰他人，但一旦澈底宰制甚至毀滅他者，我將不復存在。在此情況下，巴特勒提醒我們注意幾件事：一、若認為自己不需要他人便得以存在，那便只不過是「無上主體」（sovereign subjects）的妄想；二、有的矛盾是無法化解的，當有人宣稱自己化解了這些無法化解的矛盾時，往往不過是將差異抹除或壓抑至檯面下；三、我們的存在皆仰賴外在於我們的他者，這便代表主體總是處在「綻出」（**ek-stasis**）的狀態。[12]

然而，較上述論點更為迫切的問題恐怕在於，有的人明明就是「人」，卻不被肯認為「人」，這便使得他們失去社會的支持，甚至使他們失格。[13]這弔詭讓我們發現，肯認並非理所當

9 《精神現象學》，頁110。
10 同前注。
11 同前注，頁112。
12 《慾望主體》，頁183-4；巴特勒，2015，《主體的感知與意義》（*Senses of the Subject*, Fordham UP）頁5-14。
13 巴特勒，2004，《鬆動性別》（*Undoing Gender*, Routledge），頁2-3。

然之事，而是需要條件的。舉例來說，肯認架構中總是有一組又一組的二元對立，舉凡男女、異同、主奴等，這便迫使我們探問，是否必須先排除掉某些東西，才能構築出肯認場景中的雙方？[14]

肯認固然重要，但比肯認更基本的，是肯認的條件，亦即巴特勒說的「可肯認性」（recognizability）。「條件」貫穿巴特勒的思考。在巴特勒看來，任何物事都並非純粹、理所當然，亦非無中生有，而是需要仰賴外於自身的條件才得以成立。而在本書中，「條件」指的便是框架。

那麼，戰爭的框架是什麼呢？巴特勒指出，戰爭的運作邏輯其實是「將某些人的生命視為值得保護的生命，某些人的生命則可隨時廢棄」。（頁16）換句話說，某些人的生命被置於框架之外，不被視為生命。抵抗這類賦與生命差別待遇的關鍵之一，就在於情感。憤怒、哀傷等情感通常被歸類為私人事務，似乎與政治無關。然而，巴特勒認為，當官方版本的框架不將某些生命視作生命時，眾人便容易對於這些「非生命」的「逝去」無感——既然不是生命，便無所謂逝去。此時，若有人對「非生命的逝去」感到憤怒，並採取行動表達自己的不滿，弔唁「非生命的逝去」，那便是重拾「可弔唁性」（grievability）並將非生命視為生命，擾亂框架的既有標準，讓更多人重思「生命」的定義。

四、深陷框架而不知框架：非思

至此，也許有讀者會好奇，難道我們沒有辦法擺脫框架，活出純粹的生命嗎？巴特勒的回答是：沒辦法。

如前所述，生命永遠都得仰賴外於自身之物所支撐。身體必須仰賴身外之物（如空氣、水、食物），我們也必須仰賴彼此、社會制度、習俗規範等。這種相互依存的特質是無法否定的。巴特勒因而說道：「如果沒有最低限度讓生命可活的條件，生命就無法存續」（頁56），且世上「不存在『生命本身』〔中略〕，只有生命的條件」。（頁58）

我們若欲擺脫條件，追求透明純淨的「生命本身」，那會發生什麼事呢？影響巴特勒極深的思想家鄂蘭曾指出，在集中營中的人便「僅是抽象且赤裸的人，而這是他們最大的危險」（**the abstract nakedness of being nothing but human was their greatest danger**）。[15] 這些人失去了法律人格，在法律上不被承認為人；他們失去了道德人格，生死善惡對錯都不再有任何意義；最後，他們連個體性都被抹除，不再有性格，只是像待宰牲畜那般被塞進通往集中營的列車，如螻蟻一般被屠

---

14 巴特勒，1994，〈性別即操演〉（“Gender as Performance,” *Radical Philosophy* 67, Summer 1994），頁35。

15 鄂蘭，1973，《極權主義的起源》（*The Origins of Totalitarianism*, Mariner Books），頁300。

殺殆盡。[16]這些人是純粹的生命，也就是說，除了生命以外，什麼都不是。他們沒有家園、沒有法律或權利提供保護，死了亦無人弔唁，而這就是所謂「生命本身」。實際上，若依循黑格爾的思維（即便鄂蘭可能不會同意這種做法），脫離一切社會規範的生命，根本無從被他人肯認為生命。

在巴特勒看來，所謂的「純粹」其實蘊含了許多不純粹的東西。舉例來說，許多人認為，「自然」在時間順序上先於「文化」，也就是說，我們從自然走向文化，因此脫離了自然；這樣一來，生理／自然層面的「性」（sex）似乎較社會／文化層面的性別（gender）來得純粹。然而，「性比性別自然」或「自然比文化純粹」這種論述卻只有在特定文化中才會出現。換言之，我們對「自然」的理解根本無從擺脫「文化」的糾纏。[17]在此，框架的形象又再一次出現了。我們透過框架來理解世界，因此，我們對世界的理解從來就不是透明且純粹的。所謂純粹只不過是拒認自己其實是透過框架來理解世界罷了。

拒認框架的風險在於，我們會把價值觀偷渡到「描述」之中，並認為自己其實是不帶有任何立場地描述某則事實。比起「判斷」，「描述」通常是相對中立客觀的。例如，我們會說「描述事實」、「判斷好壞」。然而，如果我們用來描述的詞彙本身就是透過框架篩選出來的，那麼，描述實際上便遠非中立客觀，反倒是判斷。

巴特勒所講的並不是「以描述之名行判斷之實」，而是「描述者」根本沒有意識到自己在判斷，僅是援引自以為中立的既存社會規範來描述眼前所見之物。以巴特勒的話來說，便是「以規範性為名的非思」（non-thinking in the name of the normative）。許多熟悉鄂蘭的讀者應該都對「非思」不陌生。的確，筆者認為，鄂蘭對極權主義或「惡」的分析能讓我們更貼近巴特勒的批判。

在鄂蘭的爭議之作《艾希曼在耶路薩冷：關於惡的平庸性的報告》（*Eichmann in Jerusalem: A Report on the Banality of Evil*）中，「惡的平庸性」這概念吸引了許多讀者注意，卻也引發了許多誤會。首先，鄂蘭作為親身體驗納粹迫害的尤太人，亦認為納粹大屠殺「遠非『尋常』一詞所能指稱的」（far from calling it commonplace）[18]。鄂蘭之所以認為納粹劊子手艾希曼表現出的是「惡的平庸性」，主要是因為當艾希曼被質問為何犯下這麼多慘無人道的罪行時，他只是不停地援引納粹的官方觀點來替自己辯駁，甚至主張「官方語言」（officialese; Amtssprache）是我唯一的語言」。[19]

16 同前注，頁451-3。

17 請見《性／別惑亂》第一、二章。

18 鄂蘭，2006，《艾希曼在耶路薩冷：關於惡的平庸性的報告》（*Eichmann in Jerusalem: A Report on the Banality of Evil, Penguin*），頁288。

19 同前注，頁48。

然而，在納粹德國，殺害尤太人根本不是罪；相反地，不迫害尤太人才是罪。在這種情況下，與其說艾希曼的惡行背後有複雜的動機或理論架構，不如說艾希曼的「惡」毫無深度可言，反倒是因為「非思」——不是「無腦」，而是「不動腦」——所導致的悲慘後果。

鄂蘭因而說道：「口語一點來說，他〔艾希曼〕**只不過是從來就不理解自己在做什麼**。」[20] 而「非思」（thoughtlessness）與惡的相互依存」就是這場前所未見之惡所犯下的罪行。[21] 巴特勒指出，「非思」的問題在於，我們明明就是透過框架理解世界，卻不願意思索我們用來理解世界的框架是否恰當，也因此無法察覺到別的理解世界的可能性。

五、操演與反覆性：換個框架的可能？

如前文所言，我們總是由外在於自身之物型構而成，若脫離與他者的相互依存關係便無以存續。然而，這是否代表我全然受他人所決定、我的種種行動都並非出於我的意願，也因此不用承擔起任何責任？若真是如此，我該如何對不公不義採取行動？更有甚者，若原先造就我的物事近乎抹滅我或他者的生命時，我為了保存生命，是否必須得脫離造就我之物？

在此，我們面臨巴特勒所說的「倫理困境」[22]：若僅是單純否定我與他者間的關係，其實並沒有擺脫原先難堪的處境；然而，若不離開這段關係，我卻有可能不復存在。

那麼，既然不能想像一種外於框架、外於一切關係的世界，我們該怎麼做呢？巴特勒的回答很明快有力：那就**解構**框架吧。但究竟什麼是解構？將「解構」發揚光大的德希達曾如此描述「解構的運動」（mouvements de déconstruction）：

> 解構的運動並不訴諸（sollicitent）外部的結構。唯有棲居於結構之中，才有可能發起有效攻勢。除此之外，有鑒於我們總是處於結構之中、且在我們不質疑此事實時更是如此，我們便必須以**某種特定的方式**棲居於結構之中。解構運動必然從內部運作〔下略〕。[23]

20　原文為：He *merely*, to put the matter colloquially, *never realized what he was doing*。同前注，頁287。

21　同前注，頁288。

22　巴特勒所說的倫理或倫理性（the ethical）並非道德訓話或特定的教條、誡命。以巴特勒的話來說：「倫理性首要意涵並非描述行徑或傾向，而是標記出一種理解關係架構（relational framework）的方式，並理解到意義、感知、行動和言說都是在關係架構中才得以可能。關係性描述的是一種訴求的結構（a structure of address），而我們在此結構中被呼喚採取行動，或以特定方式回應呼喚。」請見《主體的感知與意義》，頁12。

23　德希達，1967，《論書寫學說》（*De la grammatologie*, Les Éditions de Minuit），頁39。

換言之，解構框架便意味我們在框架之中；事實上，也只有在框架之中，才能動身改變框架。不過，解構並非「拆除」或單純地拆開，而是同時進行解與構（de-construction）。拆解框架的同時，也構築出新的框架。

不過，解構並不是一套理論或主義，它也有實踐的面向——或者說，解構總是實踐，而且是一種無法與理論脫鉤且需要謹慎與耐心的實踐。那麼，具體而言，我們該怎麼做呢？巴特勒邀請我們從操演（performativity，或譯「述行」）與框架的反覆性（iterability）著手。

「操演」這個概念通常會上溯至哲學家奧斯丁（J. L. Austin）。在《如何以字詞行事》（*How to Do Things with Words*）中，奧斯丁區分出用來描述事態的言論（constative utterance）和能夠執行行動的言論（performative utterance）。而所謂「操演」指的便是能夠「執行」（perform）某件事情的言論，例如在婚禮上說出「我願意」時，婚約便成立了；說「我將這艘船命名為伊莉莎白女王號」時，這艘船也就成了「伊莉莎白女王號」。[24]

奧斯丁認為，能夠執行行動的言論是具備行動效果的行為（illocutionary act），亦即言說行動（speech-act）；而相對於言說行動的則是「不嚴肅」（not serious）的「語言的寄生式使用」（parasitic uses of language）。[25]這種語言的寄生式使用究竟指什麼呢？奧斯丁說道：「如果由舞台上的演員說出，或出現在詩作當中，或僅是自言自語（soliloquy），那便會以**一種奇特的方式**而變得空洞（hollow or void）。」[26]

然而，德希達問道：如果要與他人交流或溝通，那是否所有言說都得引用寄生式的言說？舉例來說，若要讓他人理解「我願意」這句話中的「我」跟「願意」，那便代表說話者無法壟斷「我」跟「願意」的意義；「我」跟「願意」必須是大家共享的，這樣一來，我們才得以使用這些詞彙交流。然而，一旦這些詞彙是共享的，那就代表它們的用途既與這句話的脈絡相關，又得脫離這句話的脈絡才得以獲得意義。德希達因而問道：

> 如果操演性言論沒有重複某種「已被編碼的」或「可反覆的」言論（un énoncé « codé » ou itérable），或者，如果我用以開啟一場會談、出動一艘船或開始一段婚姻的言論無法被識別為**服從**某個可反覆的範本（modèle itérable）、無法被識別為某種「引用」的話，那這操演性言論還能成立嗎？[27]

24 奧斯丁，1962，《如何以字詞行事》（*How to Do Things with Words*, Oxford UP），頁5。
25 同前注，頁104。
26 同前注，頁22。
27 德希達，1972，《哲學的邊境》（*Marges de la philosophie*, Les Éditions de Minuit），頁388-9。

換言之，我們若要與他人交流，那麼，所有句詞都必須或多或少脫離原先脈絡，藉此獲得其「普遍的可引用性」（citationnalité générale）或「普遍的可反覆性」（itérabilité générale）。[28]在德希達的閱讀中，說話者不再能隨心所欲決定自己所說之話的意義，而這種非意志論（non-voluntarism）亦是巴特勒相當重視的。

巴特勒從規範層面著手，認為我們的身分或同一性是被外在於我們的種種規範給形塑出來的，而這種完全不由我們的意志所決定、但卻施加於我們之上的主體型構某種程度上亦是「暴力」的。然而，我們為了獲得肯認、為了存續下去，時常得「被迫反覆援引規範」（forced reiteration of norms）。[29]巴特勒借用傅柯的概念，表示這種「主體化」的過程亦是「服從化」的過程（assujetissement）：我們透過規範成為主體，但精準一點來說，我們是透過**服從規範**而成為主體。不過，也正是因為在規範內且必須反覆援引規範，才使得有鬆動規範的可能。

近年網路上流傳的迷因（meme）之一就捕捉到了這點：「男孩子要喜歡陽剛的東西，例如男孩子；女孩子要喜歡陰柔的東西，例如女孩子。」這迷因嘲諷的對象之一，是認為性與性別與性傾向之間有必然且本質連結的人。這群人認為，生理男／女（性）要追求陽剛／陰柔（性別氣質）並喜歡異性；但這迷因卻指出，如果「男」被跟「陽剛」劃上等號、「女」被跟「陰柔」劃上等號，那麼，追求陽剛的男性喜歡的應該是男性，追求陰柔的女性喜歡的應該也是女性。

上述迷因之所以成立，是因為我們在框架內，因而能夠援引框架內的符號；然而，語言並非個人所能壟斷，因此也在援引、反覆實踐這些規範時，鬆動框架內部的既有邏輯。伴隨這類理解失敗（沒有成功「理解」規範）而來的，並不是框架的瓦解，而是原先意義的轉變，讓我們不再將性、性別與性傾向間劃上必然的連結；然而，我們還得注意，「理解失敗」並不是歡喜的解放，反倒會帶來許多風險，例如不被既有規範及其支持者所肯認。

六、危脆與非暴力

巴特勒對框架、規範、他者的討論都緊扣「暴力」這個主題，也因此，「非暴力」成為她的思考核心之一。由於我們的生命仰賴於規範、他者以及種種非意願之物，這便意味著我們的生命總是或多或少由他人所掌握；除此之外，我們是透過身體才得以存在，而「**作為物理存續的有機體，身體必然會遭受侵犯與疾病所威脅，並破壞其存續的可能性**」。（頁66）這便迫使我們承

28　同前注，頁387。

29　巴特勒，2011，《身體之重：「性」的論述界限》（*Bodies That Matter: On the Discursive Limits of "Sex"*, Routledge），頁59。

認，危脆（precarity）是生命的條件。

我們無法獨自存在於世，必須仰賴他者，但也正是因此，我們共有的危脆性也免不了使我們受傷、遭受暴力對待。換言之，危脆是生命的條件，但危脆亦代表我們無法免於暴力——而有些暴力甚至會抹除生命。這裡又再一次出現倫理困境：傷害是暴力，而隨著傷害而來的復仇慾望也是暴力。我們究竟有沒有辦法走出以暴制暴的暴力迴圈？

巴特勒認為，暴力從來就不存在於「外部」，打從一開始形塑主體的種種規範便是暴力的。除此之外，若不曾遭受暴力，我們根本沒有辦法主張非暴力。然而，斷裂在此情境下也因此更具重要性。

而非暴力所面臨的倫理困境有許多面向：首先，我是（部分）由暴力所形塑而成，呼籲非暴力在某個程度上無異於自我否定；再者，我若與形構出我的他者斷裂，那麼，與他者斷裂後的我是否還能知道「我」是誰；最後，無論反對暴力需要什麼條件，條件亦是部分由結構所賦與，並非我能予取予求之物，那「我」該如何反對暴力呢？

在巴特勒看來，這些的確是非暴力的癥結點，且正是因此非暴力才是一場「奮鬥」（struggle）或「倫理實驗」，而非絕對不會出錯、只需滿足所有預先給與的條件就好的「準則」。因此，巴特勒主張，非暴力並非「將暴力壓抑下來並尋求某種虛假的超越」，亦「無關乎在靈魂中尋找並培育出一塊非暴力淨土」。（頁233）換句話說，非暴力是受傷者想復仇卻努力不付諸行動的矛盾與焦慮。

正因為我們都會受傷，因此，用什麼方式回應傷害便顯得至關重要。巴特勒區分出兩種立場：一、傷者賦與自己的暴力合法性，並因此正當化且道德化自己一切的反擊舉措，毫無踰矩之嫌；二、傷者伴隨許多無以化解的焦慮與衝突，最終仍選擇以非暴力的方式採取行動並作出回應。

前者是巴特勒所說的「無上主體」，這類主體認為自己「不受他者侵擾」且「否定構築出自身的可受傷性」，但又弔詭地往往「將自身先驗地預設為被害者」，因而能合理化並合法化自己的種種暴行。（頁241）相較之下，後者則是理解到我們同等脆弱，且「犯下暴行的慾望總是伴隨著害怕暴力回歸的焦慮」（頁244），因而在「受傷害」與「傷害人」之間思索與實驗，希冀找出能保護彼此不受迫害的可能。

對巴特勒來說，若要主張非暴力，最根本的問題仍然關乎我們對生命的理解。我們是否願意承認，沒有他人我們便無以存在？我們是否能看見無人弔唁的逝去？我們是否願意聆聽他者的苦難，並採取行動遏止苦痛？我們是否願意承認既有框架排除了許多生命，並動身改變框架？我想，巴特勒會說，這些事情不簡單也做不完，但卻因此才更為必要、更為迫切。

七、代結語

每個框架都必須將某些事情排除在框架之外，藉此奠定框架的完整與同一。巴特勒稱這種區分出我與他者的過程為「差異化」（differentiation）。然而，既然「框架」其實是仰賴被排除之物才得以成立，那麼，被排除的東西與其說在框架之外，毋寧說是內在於框架，是「構築出框架的外部」（a constitutive outside）。

同理，寫作這篇導論亦是建立框架，而被排除在框架之外、但又無法徹底排除的，就是「性別」以及巴特勒的實踐姿態。巴特勒以性別理論聞名於世，而性別亦在本書扮演相當重要的角色（尤其是第三章），但為了描繪出解說本書的框架，筆者選擇排除了性別；巴特勒的實踐姿態亦在書中隨處可見，但也同樣在書寫過程中被排除了。然而，這些被排除之物仍內在於導論，也許是時候在文末提出來一些相關論點與讀者分享。

許多學者認為巴特勒在九一一事件發生之後，明顯有了「倫理轉向」或「政治轉向」。從哪轉向倫理或政治呢？儘管沒有明講，但答案呼之欲出是「性別」，畢竟「前九一一」的巴特勒出版的許多著作主軸皆圍繞性別。

但這類宣稱所隱含的假設，其實大有問題，彷彿性別無關乎倫理與政治。然而，在巴特勒的脈絡中，倫理指稱的是關係性（relationality），而政治的英文politics源自polis（城邦），指涉的是共同體內的公共事務。只要稍微回顧西方女性主義史，就可知道性別與倫理或政治的交纏關係：第一波女性主義主要爭取的是女性的法律權益，如投票、財產、婚姻；第二波女性主義爭取的則是平等與解放，囊括了法律、社會、文化等大大小小的層面；第三波女性主義則開始重思「代議」或「再現」（representation）以及「身分」或「同一性」（identity）問題。因此，與其說性別與政治和倫理無關，不如說性別一直都緊扣著政治與倫理，並對原先我們對「政治」和「倫理」的理解提出質疑。閱讀本書時，讀者亦不難發現性別、政治、倫理間的互動，一同批判並鬆動既有框架。

另外，我們知道本書的主題是戰爭與框架間的共謀關係，也知道巴特勒對戰爭與框架兩者皆提出批判，但很多人忽略的是，這本書其實也是巴特勒的自我批判。

巴特勒身為一名美國尤太人，卻在書中對許多尤太人無條件認同的以色列政府加以批判，亦指責美國政府的許多舉措欠缺思量。巴特勒的批判力道之重，導致在她獲頒阿多諾獎（Adorno Prize）時，許多尤太人聚集起來抗議，表示巴特勒種種「反以色列」、「反尤太人」的言論，根本不配這個獎項；而她對美國的批判亦讓許多人公開否定巴特勒的言論具有任何正當性，認為她只不過是盲目地「反美」。

巴特勒是尤太人，卻被認為「反尤」；巴特勒是美國公民，卻被指控「反美」。這兩者的共同點在於自我批判。巴特勒清楚知道，恰恰是這些形構出她的範疇對他者造成了許多苦痛，因而決定從內部發出批判。這論述在本書隨處可見，但卻也是巴特勒的實踐。換句話說，實踐與理論是分不開的，兩者間必須不斷保持張力，不斷修正彼此。

名詞對照

Epistemology	認識論
Existence	存在
Exteriority	外在性
Framework	架構
Freedom of expression	表達自由
Grief	弔唁
- Grivable	可弔唁
- Public/Open grieving	公開弔唁
- Greivability	可弔唁性
Hegemony	霸權
Homosexuality	同性情慾
Identity	身分；同一；同一性
Impulse	衝動
Injure	受傷；傷害
- Injurable	可受傷
- Injurability	可受傷性
Introjection	內攝
Iterable; iterability	反覆
Jurisdiction	司法管轄權
Laïcité	政教分離
Libido	力比多（或可譯為原欲）
Livable	可活的
- Livability	可活性
Knowing	知；「知」
Norm	規範

詞彙

A priori	先驗
- Historical a priori	歷史先驗
Abject; abjection	賤斥
Ableism	全能主義
Affect	情感
Alterity	他異性
Anlehnung; Anaclisis	依附
Antagonism	抗衡；對峙
Antinomy	二律背反
Apprehend	認識
Border	疆界
Boundary	邊界
Biopolitics	生命政治
Coalition	結盟
Cohabitation	共居
Community	共同體；社群
Constellation	星叢
Delimit; delimiting; delimitation	劃定；劃界
Different	差異
Differential	差別
Differentiation	差異化
Disability	失能
Drive	驅力
Ego	自我
- Super-ego	超我
Embedded reporting	嵌入式新聞報導

人名

Sami al-Haj	薩米・哈集
Samuel Huntington	薩謬爾・杭亭頓
Shaker Abdurraheem Aamer	夏克・阿布獨拉罕姆・阿瑪
Shaikh Abdurraheem Muslim Dost	夏柯・阿布杜拉荷姆・穆斯林・多斯特
S. Sontag	蘇珊・桑塔格
T. Hobbes	霍布斯
Talal Asad	塔拉・阿薩德
Tariq Modood	塔里克・莫多特
Trinh Minh-ha	鄭明河
Ustad Badruzzaman Badr	烏斯塔・巴追贊滿・巴達
W. Benjamin	班雅明
Wendy Brown	溫蒂・布朗

機構／組織名

Abu Ghraib	阿布格萊布監獄
Amnesty International	國際特赦組織
B'tselem	卜采萊姆
Center for Constitutional Rights	憲法權利中心
European Parliament	歐洲議會
Guantánamo	關塔那摩灣
Hamas	哈馬斯
Hezbollah	真主黨
Verso	左頁出版

Object	對象
Ontology	存有論
- Bodily ontology	身體存有論
- Ontological difference	存有論差異
PACS:	民事伴侶契約制度
Perceive; Perception; Perceptible	知覺；感知
Persistence and flourishing	延續並茁壯
Personhood	人格
Photograph	照片
Photography	攝影
Photographer	拍攝者；攝影師
Politics of imposition	強迫推銷的政治
Polity	政體
Precarity; precarious; precariousness	危脆；危脆性 *
Progress; Progressive	進步；進程
Proximity	趨近
Racism	種族主義
Recognize; Recognition	肯認
Sovereign subject	無上主體
Suffering	苦痛
Survive	存續
- Survivability	可存續性
Understand; understanding	理解；知性
Vulnerable	脆弱
- Vulnerability	脆弱性

* precariousness 跟 precarity 同時出現時，前者翻成「脆弱」後者翻成「危急」。

國家圖書館出版品預行編目資料

戰爭的框架：從生命的危脆性與可弔唁性，直視國家暴力、戰爭、苦痛、影像與權力／朱迪斯·巴特勒（Judith Butler）作；申昀晏譯. -- 初版. -- 臺北市：麥田出版：英屬蓋曼群島商家庭傳媒股份有限公司城邦分公司發行, 2022.01
面；　公分. --（麥田人文；175）
譯自：Frames of war : when is life grievable?
ISBN 978-626-310-144-9（平裝）
1.政治思想　2.戰爭理論　3.暴力
570.11　　110018678

麥田人文 175

戰爭的框架

從生命的危脆性與可弔唁性，直視國家暴力、戰爭、苦痛、影像與權力

Frames of War: When Is Life Grievable?

作　　者／朱迪斯·巴特勒（Judith Butler）
譯　　者／申昀晏
責任編輯／許月苓
主　　編／林怡君

國際版權／吳玲緯
行　　銷／巫維珍　何維民　吳宇軒　陳欣岑　林欣平
業　　務／李再星　陳紫晴　陳美燕　葉晉源
編輯總監／劉麗真
總 經 理／陳逸瑛
發 行 人／凃玉雲
出　　版／麥田出版
10483臺北市民生東路二段141號5樓
電話：(886)2-2500-7696　傳真：(886)2-2500-1967
發　　行／英屬蓋曼群島商家庭傳媒股份有限公司城邦分公司
10483臺北市民生東路二段141號11樓
客服服務專線：(886) 2-2500-7718、2500-7719
24小時傳真服務：(886) 2-2500-1990、2500-1991
服務時間：週一至週五09:30-12:00·13:30-17:00
郵撥帳號：19863813　戶名：書虫股份有限公司
讀者服務信箱E-mail：service@readingclub.com.tw
麥田網址／https://www.facebook.com/RyeField.Cite/
香港發行所／城邦（香港）出版集團有限公司
香港灣仔駱克道193號東超商業中心1/F
電話：(852)2508-6231　傳真：(852)2578-9337
馬新發行所／城邦（馬新）出版集團Cite (M) Sdn Bhd.
41-3, Jalan Radin Anum, Bandar Baru Sri Petaling, 57000 Kuala Lumpur, Malaysia.
電話：(603)9056-3833　傳真：(603)9057-6622
讀者服務信箱：services@cite.my

封面設計／鄭萃文
印　　刷／前進彩藝有限公司

■2022年1月　初版一刷

定價：399元
ISBN 978-626-310-144-9
其他版本ISBN 978-626-310-145-6 (EPUB)

cite城邦媒體 麥田出版
Rye Field Publications
A division of Cité Publishing Ltd.

廣	告	回	函
北區郵政管理局登記證			
台北廣字第000791號			
免	貼	郵	票

英屬蓋曼群島商
家庭傳媒股份有限公司城邦分公司
104 台北市民生東路二段141號5樓

▼

請沿虛線折下裝訂，謝謝！

文學・歷史・人文・軍事・生活

麥田出版
Rye Field Publications

書號：RH1175　　書名：戰爭的框架

讀者回函卡

cite城邦媒體

※為提供訂購、行銷、客戶管理或其他合於營業登記項目或章程所定業務需要之目的，家庭傳媒集團（即英屬蓋曼群島商家庭傳媒股份有限公司城邦分公司、城邦文化事業股份有限公司、書虫股份有限公司、墨刻出版股份有限公司、城邦原創股份有限公司），於本集團之營運期間及地區內，將以e-mail、傳真、電話、簡訊、郵寄或其他公告方式利用您提供之資料（資料類別：C001、C002、C003、C011等）。利用對象除本集團外，亦可能包括相關服務的協力機構。如您有依個資法第三條或其他需服務之處，得致電本公司客服中心電話請求協助。相關資料如為非必填項目，不提供亦不影響您的權益。

☐ 請勾選：本人已詳閱上述注意事項，並同意麥田出版使用所填資料於限定用途。

姓名：＿＿＿＿＿＿＿＿ 聯絡電話：＿＿＿＿＿＿＿＿

聯絡地址：☐☐☐☐☐＿＿＿＿＿＿＿＿

電子信箱：＿＿＿＿＿＿＿＿

身分證字號：＿＿＿＿＿＿＿＿（此即您的讀者編號）

生日：＿＿年＿＿月＿＿日 性別：☐男 ☐女 ☐其他＿＿＿＿

職業：☐軍警 ☐公教 ☐學生 ☐傳播業 ☐製造業 ☐金融業 ☐資訊業 ☐銷售業
☐其他＿＿＿＿＿＿＿＿

教育程度：☐碩士及以上 ☐大學 ☐專科 ☐高中 ☐國中及以下

購買方式：☐書店 ☐郵購 ☐其他＿＿＿＿＿＿＿＿

喜歡閱讀的種類：（可複選）

☐文學 ☐商業 ☐軍事 ☐歷史 ☐旅遊 ☐藝術 ☐科學 ☐推理 ☐傳記 ☐生活、勵志
☐教育、心理 ☐其他＿＿＿＿＿＿＿＿

您從何處得知本書的消息？（可複選）

☐書店 ☐報章雜誌 ☐網路 ☐廣播 ☐電視 ☐書訊 ☐親友 ☐其他＿＿＿＿

本書優點：（可複選）

☐內容符合期待 ☐文筆流暢 ☐具實用性 ☐版面、圖片、字體安排適當
☐其他＿＿＿＿＿＿＿＿

本書缺點：（可複選）

☐內容不符合期待 ☐文筆欠佳 ☐內容保守 ☐版面、圖片、字體安排不易閱讀 ☐價格偏高
☐其他＿＿＿＿＿＿＿＿

您對我們的建議：＿＿＿＿＿＿＿＿

＿＿＿＿＿＿＿＿